JN061137

宮森征司・金炅徳 編

〈国際シンポジウム〉
住民参加とローカル・ガバナンスを考える

信山社ブックレット

は し が き

　本書は，2022 年 1 月 8 日にオンライン（Zoom）で開催された国際シンポジウム「住民参加のあり方をめぐる国際的対話：政策過程とローカル・ガバナンス」において行われた研究報告と討論セッションの内容をブックレットとして取りまとめたものです。

　上記国際シンポジウムは，新潟大学環東アジア研究センター（2022 年 4 月にアジア連携研究センターに改組）の研究プロジェクト「原子力に関する国境を越えた住民参加システムの構築に向けた国際共同研究」の一環として開催されました。本書の各所にも言及されているように，同研究プロジェクトの研究成果は，田中良弘編著『原子力政策と住民参加：日本の経験と東アジアからの示唆』（第一法規，2022 年 2 月）として刊行されていますが，刊行時期との関係で，上記の国際シンポジウムにおける議論については，同書で取り上げることができませんでした。そこで，同シンポジウムにおける東アジアの研究者間，とりわけ日韓の研究者間における住民参加のあり方（住民参加に関する理論的問題や住民投票の制度設計，電子手続による参加等）をめぐる対話について公表するため，本ブックレットの刊行に至りました。

　住民参加とローカル・ガバナンスのあり方は，学際的な観点から多角的に検討されるべきテーマであると思われますが，理論から具体的な取組みまで，広い視野に立って検討を実施している先行研究は必ずしも多くありません。そのような中で，日本と同様の背景を持ちながらも異なる展開を見せる韓国の法制度や取組みには，日本にとって重

要な示唆が含まれているものと思われます。

　本ブックレットの内容は，住民参加とローカル・ガバナンスのあり方について，さまざまな観点から検討を加えるものとなっています。なお，韓国側の各登壇者の原稿については，各報告者・パネリストが報告内容について文章化したものを，金 炅 徳氏（韓国個人情報研究院）に日本語へ翻訳していただきました。その上で，馬場健教授（新潟大学），稲吉晃教授（同）および田中良弘教授（立命館大学）にもご協力いただきつつ，最終的に，編者において日本語チェックと編集作業を行いました。

　シンポジウムの記録としての性質上，本ブックレットの取りまとめにあたっては，できる限り平易な表現を心掛けました。幅広い読者の方々に，住民参加とローカル・ガバナンスのあり方を読み解くための手掛かりや国際交流のヒントを提供するものとなっていたとすれば，編者として幸いに存じます。

　本ブックレットの刊行に当たっては，新潟大学アジア連携研究センター，新潟大学法学部から助成を受けることができました。また，本書の企画から刊行に至るまで，信山社の今井守氏，稲葉文子氏に多大なるご尽力をいただきました。ここに記して心より御礼申し上げます。

2022 年 12 月

編者を代表して

宮 森 征 司

目　次

▌開 会 挨 拶

◆第 1 部◆
政策過程から見る住民参加：住民参加の理論的検討

▌住民参加と政策過程
　　―参加した住民の責任問題を中心に

▌住民投票制度に関する法的検討とその争点

韓国の地方自治制度における原子力施設関連住民の参加類型

王 勝惠　67

韓国の放射性廃棄物管理政策と住民参加

鄭 明雲　75

東アジアにおける住民参加
　——原子力分野に焦点を当てて

宮森 征司　83

目 次

編者・報告者・パネリスト紹介

〈国際シンポジウム〉

住民参加とローカル・ガバナンスを考える

開 会 挨 拶

崔　桓　容 (최환용)

　本日，住民参加のあり方をめぐる東アジア研究者間の国際的対話を
テーマにした国際シンポジウムの開会の辞を述べることになりました
崔 桓 容です。

　東アジアは地理的関係のみならず，歴史，文化，経済など様々な分
野において密接な関係を結んでいます。特に，世界的に新型コロナウ
イルス感染症という事態によって国境が制限的に封鎖されているこの
時期に，オンライン上で，住民参加とローカル・ガバナンスという共
通のテーマの下，東アジアの研究者間の対話を試みる点で，本日の国
際シンポジウムの意義は非常に大きいと思います。

　本日，東アジア各地域の研究者を1つにまとめたテーマは「住民参
加のあり方」です。

　現在，世界はデジタル技術の発展により，国境を越えて各国が直面
している様々な状況に関する情報を共有することができます。今回の
シンポジウムも covid-19 という伏兵によって顔を合わせることはで
きませんが，これもデジタル技術で克服することができました。

　第1部では，「政策過程から見る住民参加：住民参加の理論的検討」
というテーマの下，「住民参加と政策過程」というテーマで馬場健先
生，「住民投票制度に関する法的検討とその争点」というテーマで

崔勝弼^{チェ・スンピル}先生が報告してくださいます。

　住民参加というテーマを議論するためには，政策実施の局面のみならず，一連の政策過程を視野に入れた議論が求められるところ，住民参加に関する理論的な示唆が得られると思います。また，日韓両国において，住民投票制度の位置づけは異なる部分があるかと思いますが，住民投票法が制定されている韓国における議論は，日本の議論にも示唆を与える部分があるのではないかと思います。

　第2部では，「時間軸で見る住民参加：東アジアの過去と未来」というテーマの下，「20世紀初頭の日本のローカル・ガバナンス」というテーマで稲吉晃先生，「韓国の電子政府とオンライン参加」というテーマで金度承^{キム・ドスン}先生が報告してくださいます。

　日本のローカル・ガバナンスは，韓国にも多くの示唆を与えているテーマであり，電子政府とオンライン参加は，未来志向の面において興味深いテーマになると思います。特にデジタル技術の発展によって住民参加の方式が変わる可能性があることは周知のことではありますが，これに関わる議論はそれほどなされていないところがあり，本日はこれに関する論点を見出すことができると思います。

　第3部では，「個別領域から見る住民参加：原子力分野における住民参加」というテーマの下，「韓国における原子力政策と住民参加」，「韓国の地方自治制度における原子力施設関連住民の参加類型」，「韓国の高レベル放射性廃棄物管理政策と住民参加」，「東アジアにおける住民参加―原子力分野に焦点を当てて―」というテーマで金炅徳^{キム・ギョンドク}徳先生，王勝惠^{ワン・スンヘ}先生，鄭明雲^{ジョン・ミョンウン}先生，宮森征司先生が報告してくださいます。

　原子力分野は安全性の観点から住民参加が非常に重要な分野です。

特に今回の発表では放射性廃棄物管理という特別な分野に関する報告もありますので興味深いです。放射性廃棄物管理は将来に迫ってくるリスク・マネジメントの観点から，東アジア各地域でも焦眉の関心事です。最後の報告テーマである「東アジアにおける住民参加」では，東アジア各国の原子力分野における住民参加を比較することによって各国に多くの示唆を与えることが期待されます。

　そして最後に，「東アジア研究者間の国際的対話」という討論セクションを通じて，前述の様々なテーマを総合的に把握することが期待されます。

　現在，我々が直面している諸問題は，covid-19のような感染症の発生，デジタル技術発展による透明性・開放性の増大とともに，技術覇権をめぐる国際的紛争の可能性など，不確実性が増加しています。世界は感染症，地球温暖化危機など，これまで経験したことのない前代未聞の危険に直面しており，またオンラインを通じた情報の流通過程で真偽を把握しなければならない努力も傾けなければなりません。

　危機はチャンスであるともいいます。我々は民主主義・法治主義の変容など，20世紀の我々を支えてきた規範的価値の変化という要請に直面しています。国が独占していた公共性の領域も市民社会に開放しなければならず，行政は証拠を基に働く方式に転換しなければなりません。住民参加に関する今日の議論は，このような変化の原因を明らかにし，それに対応するための解決策を模索することに示唆を与えることができると思います。

　本日は，発表者，討論者の方々以外にも，多くの方々がオンラインで参加しています。知識を共有し分かち合う喜びをお互いに感じ，

我々が直面している多くの課題について国境を越えて議論し，その解決策を模索する場として，本日の国際シンポジウムが成功に終わることを期待しております。

　今後は covid-19 を克服し，従来のように顔を合わせて，私たちに与えられた課題を議論できることを願います。

　ご清聴，ありがとうございました。

◆ **第 1 部** ◆

政策過程から見る住民参加

― 住民参加の理論的検討 ―

住民参加と政策過程
——参加した住民の責任問題を中心に

馬 場 健

1 はじめに

　ご紹介いただきました新潟大学法学部の馬場です。今日はプログラムでは政策実施となっていますが，対象範囲を広げて住民参加と政策過程について話を進めていきます。具体的には，アメリカの研究者であるアーンスタイン（Sherry Arnstein）がかつて提唱した住民参加の階梯論の中で示したもっとも住民参加が進んだ段階，言い換えれば住民参加の理想型である「住民直接管理」と邦訳されるシチズンコントロール（citizen control）の実現可能性について，政策過程と政策体系それぞれを取り上げて，参加する住民の責任に基づく管理可能性という観点から整理をしていきたいと考えております。

　ここで前提として，住民参加をどのような範囲で捉えるかですが，住民参加の場および住民の範囲の設定を公的機関が行うものに限定します。というのは，住民直接管理を前提にすれば，当然参加した住民は公的機関が本来有する権限を委任ないし移譲されて当該政策を担当することになるわけで，逆に一定程度の法的責任を住民が負うことが想定される以上，公的機関が参加する住民を決定する必要があるでしょう。したがって，参加した住民の道義的責任や責任の分担が生じないと考えられる公的機関が関与しない住民の参加を巡る運動については本報告では扱いません。

2　政策過程ごとの住民参加

　それでは，アーンスタインの階梯論を少し説明していきたいと思います。アーンスタインは8段階の住民参加のモデル・段階を示しました。アーンスタインによれば，⑧とここで示している住民直接管理が理想型であると言っています。

政策過程ごとの住民参加①前提
アーンスタインの住民参加の階梯論との関係

市民が権力を掌握する段階	⑧住民直接管理	
	⑦権限委譲	
	⑥パートナーシップ	
表面上の参加段階	⑤懐柔	
	④相談	
	③情報提供	
参加のカテゴリーに入れることができない段階	②籠絡	
	①住民操作	

- ・　⑧住民直接管理が理想型
- ・　政策過程の全般にわたって参加することが理想
- ・　参加:住民が決定や執行に当たって主体となることが理想 ex.コミュニティカレッジの設置・運営

Arnstein, S. R. (1969), A Ladder Of Citizen Participation, *Journal of the American Institute of Planners*, 35(4), 216–224.

　ただし，アーンスタインが明示しなかったものの，重要と考えられるもしくは前提とされている点が2つあります。

　まず，政策過程の全般にわたって参加するということが想定されている点です。これについてアーンスタインは明示的には記述していないのですが，参加は住民が決定や執行にあたって主体となることが理想であると主張していて，その実例として，コミュニティカレッジの

設置と運営を挙げていることから容易に想像がつきます。

　次に，今ひとつの前提として，アーンスタインのいう住民直接管理では，政策決定も住民が行うことが措定されており，この場合，大統領制を採ろうが，議院内閣制を採ろうが，代議制民主主義との衝突が生じることになります。ただし，アーンスタインはこの問題についても明確な見解は述べていません。

　そこで，この問題が解消される方法として考えられるのは，代表者が権限および責任を住民参加に加わった住民に移譲している場合と，権限は住民参加に加わった住民に移譲した状態ではあるものの，責任については代表者側に留保する場合の2つの形態がありえます。特に前者の場合は，参加した住民が個々人として，もしくは個々人の総体として当該施策によって発生した損害を賠償するということが想定されることになるでしょう。

　整理すると，住民直接管理と政策過程という観点から見た場合，アーンスタインは企画立案，決定，実施，評価という政策過程の全てにわたって住民が参加することが政策のあるべき姿であるとしたのに対して，それが実施されたことによる結果について，参加した住民がどの程度の責任を負うかということについては必ずしも明確にしていないということになります。

　この参加した住民の責任を明確にするということは，参加した住民とその家族や子孫が無制限に政策の結果責任を負うことを避けることができると同時に，参加しなかった住民とその家族や子孫が代表者ではない住民の行った決定によって被害を被ることを避けることができるという両面から有効であると考えます。そこでこの問題を考える端緒を住民と対象者の準同一性と住民の管理可能性という点に見いだし

住民参加と政策過程

ていきたいと思います。

3　参加する住民の範囲

　まず，住民と対象者の準同一性です。そもそも，準同一性とは何かというと，住民と住民参加の対象者がほぼ同じかどうかということを示します。例えば，住民ということであれば年齢に関係なく住民票を有する人がすべて住民といえるでしょう。しかし，居住する市区町村において選挙権を有しているという基準を使えば原則18歳以上の住民が対象者ということになります。そうすると18歳未満の住民は排除されるわけですから準同一性は低くなります。このように住民参加における住民といっても，誰を住民とするかの基準設定如何で対象者である住民はいかようにも変化することになります。したがって，この住民と対象者との「差」である準同一性の高低によって住民直接管理の実態が左右されるのではないかと考えました。

　さらに，この準同一性には静的なものと動的なものがあります。まず，静的とは，政策過程の各段階，すなわち，政策の企画立案，実施，評価という各段階について，どういう対象者が設定されたのかについて注目するもので，これから見ていきましょう。そもそも誰がどこで参加するかという枠組みを決めることが責任との関係で必要であるという点については先ほど指摘したとおりで，住民参加の場および参加対象者は公的機関が決定することを前提に話を進めさせていただいています。この一つ一つの段階で，参加の意思がある住民と公的機関が設定する対象者との間に差が生じることがあり，この差が大きい状態ほど静的準同一性が低いといいます。この場合，対象者にならなかった住民が参加できないことで不満を持つ危険性は高くなります。

逆に言えば，この両者の差が小さい静的準同一性が高い場合，参加できないという意味での不満が大きくならないと考えられます。

参加する住民の範囲①
住民と対象者の静的準同一性

静的準同一性が高い　　　静的準同一性が低い

本人が利害関係者（参加資格がある）と考えている住民

公的機関が利害関係者（住民参加の対象者）とする住民

本人が利害関係者（参加資格がある）と考えている住民

公的機関が利害関係者（住民参加の対象者）とする住民

・　政策過程の各段階に閉じられた（別の段階とは関連しない）住民（自らを利害関係者と考える住民）と対象者（公的機関が利害関係者と見なす住民）との比率

・　比率が低い場合、住民の不満大

・　対象者の確定の困難性：影響が公的機関の区域を越えてよぶ場合（複数の区域に跨がる場合）、公的機関の区域が広さと比較して影響の及ぶ範囲が狭い場合（影響の及ばない地区に居住する住民を対象者とするか）⇄直接の影響が及ばない別の公的機関に居住する住民も対象者とするか

　次に動的準同一性について考えます。この動的準同一性とは，政策過程を通じて同一の住民が参加しているかどうかを測るもので，具体的には政策立案，実施，評価に至る段階に，同じ住民が継続して参加している場合を動的準同一性が高いとし，その逆で，企画立案，実施，評価において別々の住民が参加している状況を動的準同一性が低いと捉えます。

　動的準同一性が高い場合，政策の企画段階から住民が参加してその政策の実施を見越した実現可能な政策を策定する蓋然性が高いと考えられる一方で，低い場合には，例えば企画立案段階で想定されていた

課題についての情報を持つ住民が実施段階では存在しないため，その課題に関する議論の「蒸し返し」のような事態が起こるということも想定されます。

このように住民と対象者の間の差には静的なものと動的なものがあるわけですが，この2つの差がともに小さい，すなわち準同一性が静的・動的にともに高い方が住民直接管理を実現しやすいのではないかと思われます。では，逆にこのような課題に関心を持つ住民が常に排除されず，またある政策の政策過程全般にわたって参加するという状態を生み出すことのできる課題とはどのようなものでしょうか。

4　住民の管理可能性

そこで次に，解決すべき公共的課題が影響を及ぼす範囲を空間的，政策体系的，時間的広がりで捉えることで，準同一性を担保できる住民の管理可能性の高い公共的課題について考えてみましょう。

まず，空間的な広がりから見てみます。管理可能性が高いパターンというのは，影響が及ぶ範囲と公的機関の管轄区域で対象者の範囲がだいたい重なっている一番左側です。これに対して管理可能性が低いパターンとして，パターンの1, 2, 3が考えられます。これは誰を対象者として捉えるかが非常に大きな困難を伴う課題です。一番分かりにくいのは3番目かもしれませんが，3番目のような状態というのは，原子力発電所の設置と事故が発生した場合の県外広域避難の事例に代表されます。すなわち事故が発生した場所がAだったとしても，Cの自治体にもBの自治体にも避難場所が設置されることが予め検討されるので，誰を住民参加の対象者とするのかが問題となります。

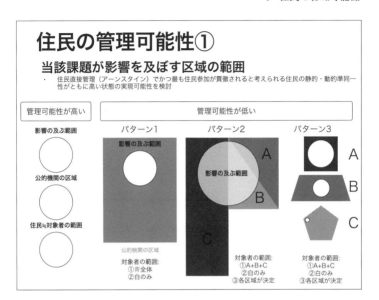

住民の管理可能性①

当該課題が影響を及ぼす区域の範囲

・　住民直接管理（アーンスタイン）でかつ最も住民参加が貫徹されると考えられる住民の静的・動的準同一性がともに高い状態の実現可能性を検討

| 管理可能性が高い | 管理可能性が低い |

パターン1　　　パターン2　　　パターン3

影響の及ぶ範囲

公的機関の区域

住民≒対象者の範囲

対象者の範囲：
①青全体
②白のみ

対象者の範囲：
①A+B+C
②白のみ
③各区域が決定

対象者の範囲：
①A+B+C
②白のみ
③各区域が決定

　ついで，政策体系と住民の管理可能性の関係についてです。ここまでは政策をフローとして捉えてお話ししてきたわけですが，今度は基礎自治体を例に挙げて政策の分業体制である政策体系として捉えてみます。大別して政策には国，広域自治体，基礎自治体という三層をなすもの，言い換えれば開かれた政策と，各政府レベルに閉じられた政策とがあります。まず，後者の閉じられた政策について見てみましょう。具体例として基礎自治体の内部で完結する公立の図書館の設置を取り上げます。詳細は割愛しますが，実際には図書館法の適用を受けたりするが故に，全くフリーハンドとはいえないものの，基礎自治体は図書館の設置を自らで決めることができ，その運営方針や運営手法もかなりの程度自らで決定し，実行することができます。したがって，このような政策については住民の管理可能性は広範囲または全般

15

にわたるといえるでしょう。

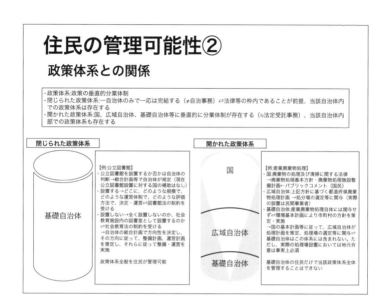

　これに対して，開かれた政策体系を持つ政策は，国が定めた基準，方針，計画に基づいて，広域自治体，基礎自治体が公共的課題に対応することになります。そうすると，いくらある基礎自治体が全住民を対象者としても国民全体ということにはならないので，国の定めた方針それ自体を覆すことは困難を伴うことになりますし，国の方針に反した実施形態を住民が採ることも不可能でしょう。したがって，管理可能性が高いのはどちらかといえば，閉じられた政策体系ということになるわけです。

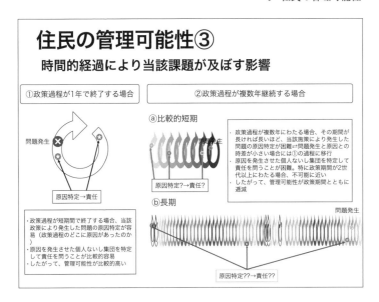

　そして，最後に考えなければいけない点は，住民の管理可能性とし
て，時間的経過をどう捉えるかという問題です。ここでは，ある政策
の実施とその政策の悪影響が生じた時期とを政策過程が1年で終了す
る短期，政策過程が複数年にわたるもののうち10年程度の比較的短
期，数十年後の長期に分けて整理してみました。政策過程が1年で終
了する場合は，誰が参加したのかということが特定されるので，その
人に責任を取ってもらうことが比較的容易で，この意味でも政策を住
民が管理しているといえるかもしれません。しかし，これに対して，
政策過程が複数年にわたり徐々に時間が経過していったらどうでしょ
うか。10年，20年，30年，50年，100年となったときに，100年前
に参加した住民はまず存在していません。それでもその参加した住民
がその政策を決定したために100年後の時点で問題が生じたとすれ

ば，その責任は誰が負うことになるのでしょうか。もしかしたら決定した責任を参加した住民の子孫が負うということも考えられるのでしょうか。つまり，政策の決定および実施から時間的に大きく経過して発生した問題であればあるほど，住民の管理可能性は希薄になっていくといえるのではないでしょうか。

5　住民直接管理が機能する条件

そこで，住民直接管理が機能するという条件として，最後に整理します。すなわち住民と対象者の静的準同一性，動的準同一性が共に高く，当該影響が及ぶ地域と公的機関の管轄範囲が合致していて，政策体系が閉じられていて，政策が中長期に及ばないというものが，アーンスタインの言う住民直接管理に適合的と考えられます。もし，その条件が一つでも欠けた場合には，機能しない危険性があるでしょう。

今回，アーンスタインの理想型を中心に据えて話を進めてきました。これはアーンスタインが概ね住民直接管理以外の形態を住民参加として認めてこなかったことによります。ただ，もう少し視野を広げて，これまで挙げた様々な条件をパターン化して，政策過程に適用させて広く住民参加を捉え直すことが，住民と公的機関の関係性を構築していく上で，今求められていることなのかもしれません。

住民投票制度に関する
法的検討とその争点

崔　勝弼 (최승필)

1　はじめに

韓国外国語大学の崔勝弼と申します。

私からは，住民投票制度に対する法的検討と争点について，ご報告いたします。

韓国では 2004 年に住民投票法に基づく住民投票制度が導入され，これまで計 12 回の住民投票が実施されてきました。これらの中では，放射性廃棄物設置場又は新しいエネルギー源設置に関する事項が主な対象とされています。

2000 年代初めまでは，原子力発電所の建設について，国が特定地域を選定し，原子力発電所を建設するという方式でした。そのため，住民投票においても，原子力発電所建設に対してインセンティブがなかったため，住民が反対する投票結果が示されることが一般的でした。しかしながら，近年では，国がインセンティブの付与や支援を行うなかで，住民が賛成する投票結果も出てきています。このように，住民投票の実施状況は変化してきております。

図：韓国における住民投票の実施状況

代表者証明書交付日	地域	請求権者	投票日	住民投票名（推進事由）	投票率（%）	投票結果（%）（進行状況）
2005.6.21	済州特別自治道	行政自治部長官	2005.7.27	行政構造の再編	36.7%	単一広域自治（57.0%）現行維持（43.0%）
2005.8.12	忠清北道清州市	行政自治部長官	2005.9.2	清州・清原の合併	35.5%	賛成（91.3%）反対（8.7%）
	忠清北道清原郡				42.2%	賛成（46.5%）反対（53.5%）
2005.9.15	全羅北道郡山市	産業資源部長官	2005.11.2	放射性廃棄物処分施設の誘致	70.2%	賛成（84.4%）反対（15.6%
	慶尚北道浦項市				47.7%	賛成（67.5%）反対（32.5%）
	慶尚北道慶州市				70.8%	賛成（89.5%）反対（10.5%
	慶尚北道盈徳郡				80.2%	賛成（79.3%）反対（20.7%）
2011.2.8	ソウル特別市	住民	2011.8.24	無償給食の支援範囲	25.7%	未開票による終結
2011.9.14	慶尚北道栄州市	住民	2011.12.7	坪恩面事務所所在地決定	39.2%	ピョンオン里（91.7%）オウン里（8.3%）

2012.5.16	忠清北道清原郡	行政安全部長官	2012.6.27	清州－清原の合併	36.8%	賛成（79.0%）反対（21.0%）
2012.9.5	慶尚南道南海郡	南海郡守	2012.10.17	南海エネルギーパーク誘致同意書の提出	53.2%	賛成（48.9%）反対（51.1%）
2013.5.30	全羅北道完州郡	行政安全部長官	2013.06.26	全州－完州の合併	53.2%	賛成（44.7%）反対（55.3%）
2017.3.15	江原道平昌郡	住民	2019.2.1	彌灘面住民支援基金管理法案の決定	61.7%	賛成（97.7%）反対（2.3%）
2019.9.5	慶尚南道居昌郡	居昌郡守	2019.10.16	居昌拘置所新築事業要求書提出	52.81%	賛成（64.7%）反対（35.2%）
2019.12.19	大邱軍威・義城軍	国防部長官	2022.1.21	大邱，軍空港移転	軍威郡友保	賛成（78.4%）
					軍威郡召保	賛成（53.2%）
					義城郡比安	賛成（89.5%）
2020.6.3	忠清南道天安市	天安市長	2020.6.26	イルボン山都市公園開発	10.3%	未開票による終結

出典：行政安全部ウェブサイト

21

2 住民投票制度の憲法的意味

次に，住民投票制度の憲法的意味について見てみましょう。

住民投票制度について検討を行う前提として，住民参加の概念，住民参加とは何かについて議論しておく必要があります。

住民参加とは何かについて，韓国の法令上，明確な規定は設けられていません。学説上，広義には，政策に対して，住民が直接・間接的に影響を及ぼすあらゆる活動を指し，狭義には，それらの活動の中でも，住民の意思決定が結果につながるものを指すものとされています。

住民参加制度の核心は，直接民主主義の具体化にあります。しかしながら，住民投票に関する憲法上の規定はありません。ただし，韓国憲法においては地方自治制度に関する規定が設けられており，これを受けて，地方自治法 14 条は住民投票に関する規定を置いています。同条においては，住民投票に関する事項は別の法律で定めることとされています。しかしながら，この法律（住民投票法）は 2004 年まで制定されていませんでした。

このような状況を不服とした住民らが，住民投票法が制定されていないことにより，憲法が保障する参加権の行使を妨げる違憲状況が生じていると主張し，憲法裁判所に訴訟を提起した事案がありましたが，憲法裁判所は，住民投票法の改正に関する問題は立法者の裁量に属するとの判断を示しました。

この憲法裁判所の判断には，学界から強い批判が向けられました。その内容は，住民投票は結果的に住民が自分たちの意思を直接政策に反映させることにつながるため，単に立法裁量の問題として捉えるべきではなく，これを一種の参政権としてみるべきであるとするもので

す。

　なお，住民投票法が制定された後も，学界においては，このように住民投票を憲法上の権利として捉える立場が主流となっております。

3　住民投票の類型と実施上の争点

　続いて，2004年に制定された韓国の住民投票法の規定を紹介しながら，住民投票の類型と実施上の争点についてお話します。

(1)　住民投票の方式

　住民投票の方式には，大きく3つあります（住民投票法9条）。

　第1は，自治体の長が地方議会に在籍議員の過半数の出席と出席議員の過半数の賛成で議会の同意を得て実施する方法（同条1項），第2は，地方議会が在籍議員過半数の出席と出席議員3分の2以上の賛成で自治体の長に投票実施を請求する方式（同条5項），そして第3は，住民が請求する場合であり，住民投票請求権者総数の20分の1以上5分の1以下の範囲で自治体の条例で，つまり自治体が条例で一定の数を定めることとなります（同条2項）。

　これらの条件を満たせば，住民投票を実施することができます。

(2)　住民投票の対象

　住民投票の対象となるのは，住民に過度な負担を与え，又は重大な影響を及ぼす地域の決定事案です（住民投票法7条1項）。ところが，一定の事項については，住民投票の対象から除外されています（同法7条2項）。

　第1に，法令に違反するものは，住民投票の対象になりません（同

23

項1号）。もっとも，ここでの法令とはどの範囲の法規範を指すのか，すなわち，国レベルにおける法律と大統領令・部令のみであるのか，それとも自治体レベルにおける条例まで含むものであるかについては，議論があります。

　一般的な見解によれば，行政規則は，法律と大統領令・部令（日本の政省令に相当）を補充する性質を持つものに限ってここでの法令に含まれると解されており，条例についても同様に解すべきであるとされています。これに対して，自治体の議会が条例によって自分たちの望まない住民投票を防ぐことが可能となってしまう点を捉えて，ここでの法令に条例を含めることに否定的な見解もあります。

　第2に，裁判中の事案については住民投票の対象とすることができません（同項1号）。裁判を受ける権利の侵害となるからです。韓国国内では，裁判に関連する事項であるかどうかが様々な訴訟で争われています。例えば，ソウル行政裁判所の判決では，裁判の結果と住民投票の結果が互いに相反するものであるかにより，裁判に関連する事項であるかが判断されています。

　第3に，予算に関する事案は住民投票の対象となりません（同項3号）。基本的に予算上の負担が増えることを住民は望んでおらず，これを住民投票の対象としても無意味であるからです。

　もっとも，具体的にみると，予算に関連する事項のすべてが除外されるわけではありません。あらゆる行政業務には予算が伴いますから，予算に関連する事項であることを理由にむやみに住民投票の対象から除外することは適切とはいえません。

　そこで，下級審においては，予算と直接的な関連性があるかどうかが判断基準とされています（まだ大法院の判例は出されていませんが，

ソウル行政裁判所の判決があります)。

(3) 国家事務に関する住民投票と自治事務に関する住民投票

　韓国の住民投票には，国家事務に関する住民投票と，自治体の自治事務に関する住民投票という二つの類型があり，両者の間で，異なる取扱いがされています。すなわち，国家事務に関する住民投票の結果は国に対して諮問的な法的効力を持つにとどまりますが，自治事務に関する住民投票の結果には法的拘束力が認められており，自治体の長は住民投票の結果を政策に反映しなければなりません。もし反映がされない場合には，自治体の長の弾劾事由になります。

　国家事務に関する事項については，国家が自治体の長に対して要請し，自治体の長が地方議会の意見を聞いた上で，住民投票を実施することになります。国が要請したほとんどの場合には，住民投票が実施されます。

　このように，国家事務に関する住民投票の実施を求める権利が国家のみに認められている点については，大規模施設の建設の場合を念頭に置けば分かるように，結局は自治体の住民への影響が及ぼされることになることから，住民にも住民投票の実施を求める権利が認められるべきであるとの意見もあります。

(4) 住民投票の実施状況

　住民投票の実施状況についてご紹介いたします。

　国の政策に関する住民投票でよく問題になるのが，原子力発電所の誘致等に関する事案です。もっとも，近年では，再生可能エネルギーの導入が活発に議論され，実際に風力発電施設や太陽光発電施設が数

多く建設されている一方で，近隣農家に悪影響が生じているケースも
かなりあります。このことに対応して，新しいエネルギーパーク開発
にまで，住民投票の要求が拡大しております。つまり，放射性廃棄物
に関することとエネルギーパークに関連したことが住民投票の要求の
対象となっているという点が，現在の特徴といえるでしょう。

　そこで，中低レベル放射性廃棄物処理施設の誘致に関する住民投票
に注目してみましょう。先ほど私が申し上げたように 2000 年代初め
までは，実は国がインセンティブを与える制度はありませんでした。
それが 2005 年にはインセンティブ制度が開始され，数千億ウォンに
達する事業を支援することになりました。例えば，量子加速器の場合
は，1,286 億ウォンの建設費用によって生み出される付加価値は兆
ウォンを超えるものと算出されております。そのため，住民の賛否両
論が非常に分かれることになります。

　なお，韓国においては軍事施設が都市の生活圏内にある場合が多い
ので，これらの施設の移転を求める住民の要求もあります。これは国
防に関係するため，国家事務と整理されています。

4　住民投票の瑕疵と不服及び効力

　十分な説明会と公聴会を経ることなく，住民投票が実施された場
合，その住民投票の結果の効力はどうなるでしょうか。この点を直接
的に問題としている学説や判例はありませんが，環境影響評価に関す
る事案において，住民に対して十分な説明会と公聴会を経ることなく
実施された影響評価手続は違法であるというのが大法院の一貫した立
場です。

　それでは，自治事務に関する住民投票の実施について不服がある場

合には，どうなるでしょうか。

　住民投票の実施要件が満たされた場合，すなわち，地方議会が一定数の表決を行い，地域住民が一定数の要請をしたにもかかわらず，自治体の長が住民投票を実施しない場合には，抗告訴訟において不作為の違法を争うことができます。

　このような抗告訴訟の原告適格について，学説・判例においては，住民投票法により住民に住民投票に関する権利が定められていることから，住民に法律上の利益が認められるものと解釈されています。

　学説の中には，自治事務に関する住民投票には諮問的な法的効力が認められているにすぎないことから，これを国家が新たな施設を設置するにあたって必要とされる行政手続であると把握する見解や，単なる意見調査にすぎないと解する見解もあります。しかしながら，これらの見解は，自治事務に関する住民投票の法的性質，特に参政権としての住民投票の性格を重視する報告者の立場とはかなり異なります。

5　住民投票制度の改正の方向性

　住民投票制度の改正について，多くの議論が行われています。

　第1に，現在19歳からの条件を18歳から投票できるようにすることです（注記：本シンポジウム後の2022年4月に住民投票法が改正され，投票権年齢が18歳以上に引き下げられた）。

　第2に，国家政策的事案に関する住民投票についても，住民がその実施を請求できる権利（建議権）を認めることです。住民は大きな影響を受けるにもかかわらず，国だけが一方的に必要な場合に意見を聴き，国に対して要求することはできないのか，双方的でなければならないのではないか，ということが議論されています。

　第3に，電子署名による投票が議論されています。住民投票が電子署名によって実施されることで，行政上の事務の効率性を向上させることができます。さらに，きわめて多様な事案について住民投票を実施することが可能になります。すなわち，住民投票のテーマを住民自らが拡げることや，国が諮問を受けるための目的で尋ねる範囲や機会を拡げることができます。

　第4に，従来，住民投票はある特定の行政区域単位（市，邑）で実施されてきましたが，例えば，大規模施設の設置により影響が及ぶ地域は広範囲にわたる可能性がありますので，一種の環境影響評価制度において，スコーピング制度のように，住民投票の実施範囲をまずはフレキシブルに設定してみてはどうかという話が出てきています。

　第5に，住民投票の根拠を憲法に設けるべきではないかという話が出ています。実際に，2018年に文在寅大統領が発議した憲法改正案には住民投票に関する具体的な規定が設けられています。同改正案の内容は，住民投票法が改正されない場合，憲法裁判所において違憲判決が出される可能性をも示唆するものです。

6　おわりに

　最後に申し上げたいことは，代議制民主主義には様々な長所があるところ，近年では，その限界が明確に現れてきているということです。それは代表者として私たちの意見を伝えなければならない人々が私たちの意見を明確に伝えていないという意味においてです。だからといって，弾劾や訴追が自由にできるわけでもありません。したがって，直接民主主義による補完が必要となります。

　そこで，住民投票制度の意義が認められるわけですが，住民投票制

度が有効に機能するためには，「認識ある市民，責任ある市民」が前提となります。ドイツの法律を見ますと，「成年の市民」という単語が出てきます。成年の市民というのは自らの行為に対して責任を持ってその結果を受け入れることができる素養を持っている市民のことです。住民投票が有効に行われるためには，根本的に，市民の認識改善，市民の責任性向上が必要になるということを申し上げて，私からの報告を終えたいと思います。

　ご清聴，どうもありがとうございました。

◆ 第2部 ◆

時間軸で見る住民参加

― 東アジアの過去と未来 ―

20世紀初頭の日本のローカル・ガバナンス ——新潟を事例として

稲　吉　　晃

1　近世・近代日本のローカル・ガバナンス

　ただいま紹介にあずかりました新潟大学の稲吉でございます。私の専門は政治学，特に日本政治史でして，19世紀の終わりから20世紀の半ばぐらいまでを主として取り扱っております。したがって，現代の住民参加について，直接的にお話をするというのはなかなか難しい。そこで，もう少し緩い意味でローカル・ガバナンスの概念を補助線に引くことで，過去の住民の政治に対する参加の仕方みたいなお話をできればと思っております。

　ローカル・ガバナンスという言葉，今日は学生の皆さんも聞いているので，耳に新しいという方もいらっしゃるかもしれない。政府が一元的に政策，公共部門の意思決定や政策実施を行っているというのが，一般的な統治の概念ですが，これに対してガバナンスというのは，政府だけではなく，民間企業であったり，地域住民であったり，多様なアクターが相互に調整し合って，あるいは負担なんかも分担し合って，全体的に公共部門をかたちづくっていくという概念です。

　そういった観点から，過去の日本の行政活動のあり方を見ていくと，むしろ政府が一元的に行政管理を行うということは実際にはほとんどなくて，住民あるいは民間企業と政府のあいだの，協調の中で行政活動は行われてきているということが言えます。今日は20世紀初

頭の日本，特に新潟という地域を題材にして，どういうふうなローカル・ガバナンスのあり方があったのか，それから 20 世紀初頭にガバナンスのあり方に少し変化が起きるのですけれども，それがどういう変化だったのかということをお話したいと思っています。

2　地域有力者による近代化

　近世日本，つまり身分制がまだあった時代の日本においても，ローカル・ガバナンスはあったとされています。どういうふうにあったのかというと，江戸時代の日本では，もちろん殿様がいるわけですけど，殿様がもちろん全ての農民を把握しているわけではなくて，地域ごとに地域有力者がいるわけです。その地域有力者が住民個々を管理する。例えば，税金を管理するときも，住民が個人で政府に税金を納めるわけではなくて，一旦地域の有力者の下に集めて，地域の有力者の単位で税金を納めるという仕組みがとられている。

　したがって支配者の側は，住民一人一人をべつに把握しなくてもよくて，地域の有力者にそれを肩代わりさせる。そういった統治の仕組みをとっている。この仕組みは何がいいかといいますと，例えば災害が起きた時も，支配者がなにかをしなくてもよくて，最終的にはもちろん支配者が避難した住民に食料を与えたりするわけですけど，それがすぐには行われないので，地域の実情を一番よく分かっている地域の有力者がそういった部分を肩代わりしていくということをやっているわけです。

　そういうふうに地域の有力者と住民が一体となって，ある意味自治的な状態があって，その上に支配者があるという状態なわけです。これは 19 世紀の終わりに日本に中央集権体制ができた後も，基本的に

明治40年頃の萬代橋〔著者所蔵の絵葉書〕

は変わらず，日本の政府は個々の住民をそこまで細かく把握すること
はできないので，地域の有力者にかなり依存したガバナンスを行って
いくことになります。

　ご存知のように，当時の選挙権には制約があるので，一般住民は政
治に表面上は参加できないわけですけれども，今お話をしたように，
地域の有力者を通じて政府に対して自分たちの意見や利害というもの
を訴えることができる。例えば，大雨が降ると川が氾濫してしまって
農業ができない，だから河川を整備してくれ，あるいは堤防を作っ
て，大雨になっても川から水が溢れないようにしてくれ，というよう
な要望を政府に向かって出す。政府はそれを受けて，堤防工事を実施
する。そういった地域の有力者を核にして，地域の住民の意見を吸い
上げるような仕組みができていたということになります。

　新潟の地域で見ても，基本的にはそういうかたちをとっていて，上

の写真は萬代橋（ばんだいばし）という新潟で有名な橋ですけれども，全長で800メートルぐらいある木造の橋です。新潟には信濃川という日本で一番長い川が流れてまして，非常に大きな川なのですけれども，両岸が交通できないと不便ですので，この橋を，地域の住民が寄付金を出し合って，特に有力者が寄付金を出し合ってこの橋を造るということをしている。橋以外にも，例えば学校や銀行をつくる。これは政府がお金を出すわけではなくて，地域の有力者がお金を出し合ってつくるということをやっていくわけです。そうした社会の基盤になるインフラみたいなものを，政府が直接手を出さなくて民間の力を使って造っていく。それに対して，地域からの補助金などの要望があれば，政府が与える。こうした方法が，日本の近代化の一つの大きな潮流であったということが言えるわけです。

3　都市化の進展と新興勢力の台頭

　19世紀の終わりぐらいまでは，今お話をしたようなやり方で，地域の住民の声を吸い上げたり，あるいは地域の住民にとって必要な施策を実行するということができていたわけですけれども，20世紀に入ると，その状況が少し変わり始めていきます。なぜかというと，都市化が進展するからです。それ以前は，ほとんどの住民が農村部に住んでいる。農村部に住んでいるということは，その地域の有力者にとって把握しやすいわけです。普段から交流があるので，どこの家に，どれぐらいの人数の子どもがいて，どういうふうな生活をしているかというのは逐一分かるわけですけれども，産業化が進んで，会社で人々が働くようになると，労働者が都市部に流れ込んでくる。この労働者を誰も把握していないので，いったいどの地域にどのくらいの

人が住んでいるのか，だんだん分からなくなってくる。当然，その人たちが政治に対してどういうふうな要望を持っているのかということが分からなくなってくるわけです。

　日本全国の人口のうち，1万人以上の人口をもつ都市に住む人の割合は，1903年には8.4%でしたが，1908年には9.7%，1918年には10.6%になります。つまり，1918年には日本に住む人のおよそ10人に1人が，都市に住むようになったということになります。

　新潟市で見ても，1903年の段階の人口は5万8千人でしたが，1918年の段階では9万5千人とほぼ倍増している。そのほとんどはおそらく労働者ですから，なんだかよく分からない人がたくさん住んでいるということになるわけです。

　そういう人たちの政治的な要求みたいなものは，どういうふうに発信されていくのか。もちろん，一人一人の政治的な要求を地域の有力者が把握することはもうできないので，市民大会みたいなものを開いて，あるいは新聞なんか通じて，その人たちの要求というものが噴き出るようになる。だから，この段階だと，また違ったかたちでガバナンスの仕方というものが必要になってくるということが言えると思います。

　したがって，多くの人，有力者ではない一般の都市住民みたいな者が出てくると，そういう人たちのバックアップを背景に，今までの有力者ではない人，新しい有力者が登場してくることになる。新潟でその役割を果たしたのは桜井市作という人物です。彼は1872年の生まれで，新潟の都市化が進んだ1910年代にはまだ40歳代でした。彼のような新しい世代の人たちが労働者の意見を吸い上げて，実現していこうとしていきます。

そこで特徴的なポイントは，そのときに，彼らは非常に狭い地域の利益というのを強調する傾向にある。つまり，今までの既存の有力者は新潟県全体の利益とか，あるいは日本全体の利益というものを強調して，日本全体を発展させるためには，今この地域にはこういうことが必要なんだということを言うわけですけれども，若い世代の都市住民の支持を得た有力者というのは，そういうことは言わない。日本全体の利益なんて言わずに，いや新潟市の利益が大事なんだということを言うのです。彼らが発行していた新聞（『新潟公友』）で何を言っているかというと，この新聞は，新潟県の新聞ではない，日本の新聞でもない，ただ新潟市民のために尽くす新聞なんだということを言っています。

もう一つの特徴は，積極政策にあります。とにかく新しい施設をどんどんつくるということを強調する傾向にあるということです。例えば，水道をつくるとか，学校をつくるとか，そういった積極政策を強調する傾向にあるということも，彼らの一つの特徴です。

新潟の既存の有力者は，できるだけ市民の負担が少ないほうがいい，税金は少ないほうがいいんだから，べつに積極政策をやらなくてもいいと言っているのとは対照的に，お金をたくさん負担しても積極政策をやる。それが新潟市のためなんだということを主張しはじめます。

4　医学専門学校問題

一つ象徴的な事例として，医学専門学校の誘致問題を採り上げたいと思います。この新潟医学専門学校というのは，私がお世話になっている新潟大学の前身になる学校です。1903 年に専門学校をつくるた

めの法律が整備されて，全国各地で専門学校をつくろうという話が出てくる。国立の学校なので，文部省に対して新潟に学校をつくってくれという運動があったりします。

　桜井グループは，新潟にも医学専門学校をつくろうと言います。市民大会を開催して，デモ行進みたいなことをやって，新潟市にとって医学専門学校をつくるということは，学生もたくさん集まるので経済効果も大きいというようなことを言って盛り上げている。

　既存の有力者は，これに対して消極的な態度をとります。なぜ消極的な態度をとるかというと，この医学専門学校というのは国立なので，国がお金を出すかとおもいきや，地元が寄付金を出さないと国は学校をつくってくれない。しかも，いくら地元が寄付金を出せるのかというのが熱意のバロメーターみたいになっていて，たくさん寄付金を積んだほうが，国が学校とかをつくってくれやすいという話なので，たくさん寄付金が必要になるわけです。したがって地元負担がとにかくたくさんいるので，結局そんなに地元負担が必要なら，医学専門学校なんて無くてもいいんじゃないかと，既存有力者は考える。桜井グループはそうではなくて，たくさんお金がかかっても，新潟の将来的な発展のためには必要なんだということを言い始めます。少し話が細かくなるので省略しますけれども，医学専門学校の敷地は，今の新潟大学医学部がある場所ですが，あそこは山になっているので傾斜がきついのですね。建物を建てるためには，土地を平らにしなければいけない。そのために当初予定していた金額よりも，かなり大きな金額が必要になった。必要な寄付金額も，当然増えた。この時に，既存有力者はもうやめようという話をするのですけど，桜井グループは，いや，お金を出すんだと言って，新潟市民の税金を寄付に回して，最

終的には誘致が成功するというプロセスをとっています。

5 ま と め

　最後にまとめですけれども，いまお話をしてきたように，日本の統治の仕組みでは，地域住民も統治に参加する，行政活動に参加するというのは，一つの伝統的な方法であったということが言えます。ただ，20世紀の初頭に都市化が進むことによって，住民の政治参加のあり方というのは大きく変わっていく。それまでは既存有力者，地域有力者がある程度コントロールできていたものが，コントロールが効かなくなっていく。既存有力者に直接訴えて，住民の側からみても，既存有力者を通じれば自分たちの意見が通ったものがそうではなくなるので，市民大会とかデモ行進みたいな間接的な方法に変化していくということが言えます。

　それからもう一つ，おそらく重要なポイントは，こうやって都市化が進んで住民参加が直接的な方法になっていくにつれて，広い範囲，日本全体であるとか，新潟県全体というよりも，もっと狭い範囲，自分の生活する半径何キロメートルぐらいの範囲の利益というものを考えるようになる傾向になったということが一つ言えると思っています。以上で話を終わりたいと思います。ありがとうございました。

韓国の電子政府とオンライン参加

金 度 承 （キム・ドスン）(김도승)

木浦大学法学部の金度承と申します。

韓国政府の電子政府推進委員会委員として活動しています。

まず，本日のような意義のある国際セミナーに参加でき，大変光栄に思っております。お声をかけていただき，ありがとうございます。

私が本日お話するのは，韓国の電子政府とオンライン参加についてです。まず，韓国の電子政府の取組みの概要についてご紹介いたします。次に，住民参加をより円滑にし，また，新型コロナウイルスの感染拡大により急激に到来したデジタル社会における住民参加の方式であるオンライン住民参加に関する韓国の事例を紹介したいと思います。

1 デジタル社会の到来と住民参加

政策過程における住民参加には，先ほど崔勝弼先生がご報告されたとおり，代議制民主主義の直接民主主義による補完としての意味もありますが，実際，政府の政策が住民の肌で感じられる様々な生活的な問題と過度な乖離が生じないようにし，政策の実効性を確保する上でも，重要な手段・手続であると私は理解しています。

住民参加をどのように円滑なものとするかは，行政における古くからの重要な課題だと言えます。

　ご存知のように，最近は SNS や多様な知能情報技術の発達によって住民参加の方式は非常に多様な形態を見せており，デジタル化に対応することが求められる時代に入っています。

　従来，政府が政策目的・行政目的を設定し，それを執行する一方向的な政策決定が主であったとすれば，先ほどまでの各報告者が政策決定における住民参加の重要性と問題点について強調されたように，今日では住民と政府が双方向にコミュニケーションをするチャンネルの重要性が増しております。特に，IT 技術がそのようなコミュニケーションを現実化し促進するということは，日々，皆さんも実感されていると思います。近年の新型コロナウイルスの感染拡大により，それまで選択の問題であったオンライン方式は，今では優先的・原則的な手段として，社会生活に必要不可欠な基盤の1つとなっています。

　本報告では，新しい環境に対応した住民参加システムを確立するため，どのようにオンラインによる住民参加を設計すべきか，韓国の電子政府に関わる経験，成果，直面している課題等を素材にしながら，お話したいと思います。

2　電子政府の概念と政策的含意

　情報社会化の進展により，国家と個人の間の関係に多くの変化が起こり，個人が国家の一方的なサービスを受ける消極的な客体となるのではなく，互いに協力する積極的な主体として登場する統合的ガバナンスが一般化しました。

　電子政府（electronic government）は，情報通信技術を活用して行政の効率性を改善することにより，行政サービスに対する国民・住民のアクセシビリティ（Accessibility）を高めるための新たな政府革新

戦略として理解することができます。さらには，国家と個人の間における コミュニケーションを活性化し，電子民主主義を実現することにより，民主性を向上させるという意味合いも含んでいることが，注目されます。このような理解は，韓国のみならず日本も同様であり，国際的にも共通認識となっていると思います。

　韓国ではこのような電子政府の重要性を認識した上で，多様な電子政府サービスを積極的に提供してきました。幸いなことに，2000年代初頭から大規模システム構築事業を通じて各行政分野において推進されてきた韓国の電子政府化は，国際的にも高い評価を受けており，国連の電子政府ランキングにおいて，3回連続で世界3位を獲得した経緯があります。

　しかしながら，電子政府化の推進のためには，単に技術の発達にとどまらず，従来の行政の慣行を変える必要があり，さらには，これに対応した制度を整えなければならないという課題もあります。

3　韓国における電子政府法制の形成と発展

　韓国の電子政府関連法制の形成過程について，簡単にご紹介いたします。

　韓国の現在の電子政府は，1975年，朴正熙政権の下において，行政業務の電算化という考え方に基づいて始まりました。ここでは，それまで断片的に行われてきた行政業務の電算化を国家レベルで総合的に推進できるよう，当時の総務処の下に「行政電算化推進委員会」が設置され，1978年に第1次行政電算化5ヵ年基本計画が策定，1979年6月に行政業務電算化推進規定（総理令）が制定され，行政業務の電算化の推進に関する法的根拠が設けられました。

　行政電算化事業を急速に進展させる契機となったのが，全国民を住民登録番号により識別できるようにした住民登録制度でした。1962年5月の「住民登録法」の制定により施行された住民登録制度は，今日における電子政府の発展のための基盤を提供したことはもちろん，電子行政の高度化を実現するマスターキーとしての役割を果たしました。数字による番号システムは，入力だけでなく同一性の確認においても他の情報と比較して有効なものであり，また，生年月日，性別及び出身地域などに関する情報まで含まれていることから，個人情報のデジタル化の進展にとって重要な要素となりました。住民登録番号の不法流出による被害も指摘されていますが，住民登録制度と住民登録番号システムが，韓国の電算化・情報化の発展において重要な役割を果たしてきたことは間違いありません。

　その後，2001年に「電子政府法」が制定され，本日のシンポジウムのテーマとなっている住民参加を含め，多様な国民サービスを，電子的・効率的・民主的に提供するための法的基盤が設けられました。

　2013年には行政が保有している公共データを積極的に民間部門に提供し，民間部門がこれを活用できるような政策を推進するため，「公共データ法」が制定されました。同法の仕組みは，公共機関が保有する公共データの公益的活用と商業的活用の双方を包含するもので，公共機関が保有する公共データを積極的に公開する形で，いわゆるオープンデータ政策が積極的に推進されています。

　韓国の「公共データ法」の特徴は，公共機関が公開した公共データを用いて民間部門が何らかのサービスを提供する場合，公共機関は，特別な事情がない限り，それと類似又は重複するサービスを提供することができないと定めている点です。さらには，民間部門が公共デー

タを活用して行う多様なサービス，例えば，気象データや観光関連データを活用したサービス等の利用実態を定期的に評価し，これらのサービスが公共機関により提供されているものと類似又は重複する場合，公共機関が公共サービスの提供を継続しなければならない特別の理由がない限り，これを廃止するという措置まで設けられています。

さらに 2020 年には，データ基盤行政を活性化するため，「データ基盤行政の活性化に関する法律」，いわゆる「データ基盤行政法」が制定されました。同法は，データ活用が国民生活全般にわたるだけでなく，国際競争力を左右する要素としてその重要性を増していることを踏まえ，政策立案や政策決定など多様な行政の活動において，データを基盤とする科学的・客観的な行政を実現することを目的として制定された法律です。

同法においては，データ統合管理プラットフォームを構築し，共同活用する必要があるデータを公共機関がこのデータ統合管理プラットフォームに登録することで，公共機関が登録されたデータを活用できるようにし，また登録されていないデータの提供を受けようとする場合，データ所管公共機関の長にデータ提供を要請できる仕組みが設けられています。

一見すると，電子政府や住民参加と公共データ法やデータ基盤行政法との間にどのような関連があるのか，疑問に思われるかも知れませんが，この疑問に対する報告者の解答は，報告の最後で言及することとします。

データ基盤行政法の構成

章	条	見出し
第1章	第1条	目的
	第2条	定義
	第3条	国家等の責務
	第4条	他の法律との関係
第2章	第5条	データ基盤行政活性化委員会
	第6条	データ基盤行政活性化基本計画
	第7条	データ基盤行政活性化施行計画
第3章	第8条	データの登録等
	第9条	登録データの収集・活用
	第10条	データの提供要請
	第11条	データの提供範囲
	第12条	データの提供決定等
	第13条	データの提供拒否に対する調整
	第14条	民間データの提供要請等
	第15条	提供されたデータに対する管理
第4章	第16条	データ管理システムの構築
	第17条	データ基盤行政の標準化
	第18条	データ統合管理プラットフォーム
	第19条	データ基盤行政責任者
	第20条	データ解析センター
	第21条	データ基盤行政専門機関
	第22条	データ基盤行政の実態調査・評価
	第23条	データ基盤行政優秀事例の発掘・普及等
	第24条	データ関連専門人材の養成
	第25条	民間及び国際協力

4　オンラインを通じた国民の参加促進

　続いて，電子政府と国民参加，住民参加についてお話したいと思います。

　インターネットの普及により，国民の国政参加の要望に応え，多様な政策提案や苦情処理など，国民の声を取りまとめてこれを政策に反映するためのシステム，そして，国民が参加する行政を実現するための手段が必要になっています。

　国民と政府との間のコミュニケーション窓口としては様々なものが考えられますが，韓国においては，いわゆる電子政府ポータルという取組みから始まりました。電子政府ポータルとは，国民が政府の多様な政策に関して，形式を問わず，制限なく多様なアイディアや意見を出し，政府とコミュニケーションすることができる場を提供するものです。

　2000年代始めまでは，こうした取組みが各行政機関ごとに断片的に行われており，その実効性には課題がありました。また，ある省庁から示された意見について他の省庁から反対の意見が示されたりして，国民の立場から見ると，政府に対する信頼を失わせることとなってしまうケースもありました。さらには，各システム間での連携が不十分であったため，一種の非効率も発生していました。

　これらの問題に対して最も積極的にアプローチしたのが，盧武鉉政権でした。盧武鉉政権が金大中政権の電子政府政策を受け継いで，まず先に対応を試みたのが，国民・住民の参加の場をオンライン上に用意するということでした。これが「epeole」というウェブサイトを通じて初めて総合的に提供された，「申聞鼓（シンムンゴ）」と呼ばれる取組みです。

　その後，この取組みは国民申聞鼓という名前で拡大されました。現在では，国民からの苦情を受け付けるだけでなく，実質的に苦情について争うことができる行政審判や，様々な行政における不合理や不条理を申告できる制度と連携し，様々な政策に対する国民の意見を提案する総合窓口としての意味を持っています。

　このように電子政府ポータルは，ソフト面・サービス面において継続的に改善されてきましたが，関連する法的根拠も整備されております。大統領訓令である「オンライン国民参加ポータルの運営に関する規定」においては，参加ポータルの運営，苦情の分類・受付・移送・処理や，国民提案，国民の政策参加，電子公聴会及びアンケート調査など，オンライン国民参加ポータルの運営に関する事項が定められ，これらが体系的に推進されるよう措置されています。

5　オンライン住民投票

　次に，オンライン住民投票について，具体的な事例をいくつか紹介したいと思います。

　先ほどの報告でも，住民投票の意義について触れられました。しかし，住民投票については，結局のところ，どれだけ円滑・簡素に実施し，住民が便利にアクセスすることができるかが重要です。

　最近はすべてがスマートフォンで行われるのではないでしょうか。そうであるならば，スマートフォン一つで，便利で，迅速に，場所の制限なく参加することができる方法を採用することは非常に重要であるといえます。例えば，ソウル市では，「M-Voting」というシステムとアプリケーションを通じて，オンライン住民投票が積極的に実施されています。

　ソウルの事例において興味深いのは，ソウル市が気になることを住民に聞き，また逆に，住民がソウル市に聞くことができるという，双方向のコミュニケーションのチャンネルが設けられていることです。ソウル市がある政策を進めながら，これについて「どう思いますか」と住民に聞くことにより，一種の世論調査ができるというわけです。

　これは先ほど崔勝弼先生が発表されたような，地方自治法等に基づく公式的でハードな住民投票とは異なり，多様な政策での国民の意見を直ちに収集することができるソフトで弾力的な住民投票であるといえます。

　さらには，住民が他の市民に対して，ある政策や社会的な問題について意見を聞くチャンネルを一緒に作ることもできます。「M-Voting」の場合，ソウル市が住民に尋ねて住民が他の住民に尋ねるという形で，双方向的なコミュニケーションを促進する仕組みが設けられています。「M-Voting」のアプリを見ると，多様なテーマが現在も多く議論されていることが確認できます。

6　オンライン電子署名と住民参加活性化

　次に，住民条例請求制度におけるオンライン署名，つまり電子署名と関連した部分を話したいと思います。

　日本の地方自治法にも対応する制度が設けられていますが，韓国の地方自治法でも，自治体の長と地方議会の議員のみが地方議会に条例案を提出することができるところ，住民自治及び直接民主主義制度の1つとして，一定数以上の住民の署名を受けるという要件の下に，住民が必要であると判断した内容を盛り込んだ条例を制定・改廃するよう，自治体の長に対して請求する制度（住民条例請求制度）が設けら

れています。

　ここで問題となるのは，住民の意思があればすぐ請求できるというものではなく，当然，一定数以上の住民の署名を集めることが必要になるという点です。通常時であっても，住民から十分な数の署名を集めることは，本当に難しいことです。特に最近のような新型コロナウイルス感染症のパンデミックの状況下では，事実上，ほとんど不可能です。

　このことを踏まえ，電子的に住民の署名を集めて住民条例を請求できるよう，住民連署に関する基準が設けられました（住民投票法10条）。これにより，住民は，オンラインで電子署名を行い，住民条例請求制度を積極的に利用することが可能になっています。

7　公共機関の情報公開強化と住民参加促進

　公共機関の情報公開に関する事項について少し申し上げたいと思います。

　公共機関の情報公開を活性化することが，住民の参加を促進するための基盤となることは確かです。しかしながら，どれだけ良い法制度を設計したとしても，実際に国民がそれを使わなければすべて無意味です。

　そこで，どのように国民を参加させるのかが問題になります。もちろん国民に対して，行政に参加するよう意識を改善し，また広報することは重要です。しかし，これだけで住民参加が促進されるというのは，ある意味ロマンチックにすぎる考えではないかと思います。

　先ほど，韓国の電子住民参加に関連し，公共データ法について取り上げました。重要なのは，政府や公共機関が保有するデータを国民に

対して積極的に提供することです。国民がただ漠然と政策に参加するというのではなく，政府が持っている多様な情報を知り，理解することによってはじめて，積極的に政策に対する関心が高まることになります。このことが，国民・住民の政策参加を実質的に牽引する効果を生み出します。

　要するに，単に住民参加に関わる制度をうまく設計したというだけで住民参加が現実化すると考えるのは，あまりにも純真な考えだと思うわけです。それよりも，むしろ住民たちを参加させるための誘引策をつくることが重要と思います。

　このことと関連して，近年のデジタル社会において最も重要なことは，政府が持っている情報とデータを積極的に公開することです。韓国にも日本と同様に情報公開法がありますが，それだけではなく，重要な情報を積極的に公開する制度が設けられ，また，オンラインかつワンストップで公開するシステムが構築されている点が，重要な部分であると思います。先ほど取り上げたソウル市の事例は，まさにその具体例といえます。

　しかしながら，皮肉にも，おそらく多くの人がこのようなチャンネルやシステムがあることをあまり知りません。その原因は，広報が足りておらず，国民の関心が低いという側面もあると思いますが，何よりも現在の文在寅政権が設けた非常に有名なチャンネルがあるからです。韓国の国民に対して，「住民参加に関する現在の大韓民国のチャンネルの一つは何でしょうか？」と尋ねると，こう答えるでしょう。それは大統領府の「青瓦台国民請願」です。

8　青瓦台国民請願の明暗

この制度は，国民が聞けば政府，すなわち大韓民国の大統領室にある「青瓦台（チョンワデ）」が答える，という国政哲学に基づいて設けられた請願制度です。請願制度といっても，実際にはウェブサイト上の掲示板のようなもので，国民はここに自由に書き込みをすることができます。

青瓦台国民請願は，国民が国民請願ウェブサイトに掲示した内容が30日間で20万人以上の推薦を受けた場合，政府や大統領府の担当者が直接答えるという方式で運営されています。青瓦台国民請願は国民の間に爆発的な関心をもたらしており，最近，大韓民国で議論になっているほとんどのイシューは，大統領府の国民請願ホームページを見れば，大まかに理解することができます。

この制度の活用率は非常に高く，コミュニケーションを広げる窓口にもなり，国民の関心を誘導することには役に立ちますが，しかしながら副作用もあります。

まず，人身攻撃やヘイトスピーチ，また，誤った情報に基づく請願がウェブサイトに書き込まれることで，議論の過激化を引き起こしてしまう等の問題があります。さらに，この制度は「政府」の政策の一手段であるにもかかわらず，国民がこれに対して意見を表明し，裁判や国会の役割にまで持ち込むことにより，過度な世論戦がもたらされることもあります。もちろんこのような場合，政府としては関与することは難しいと答弁しますが，イシューが政治化・理念化され，さらなる葛藤が生じてしまうようなケースも現れています。

このように，青瓦台国民請願に関しては，得失双方の側面があります。また，請願に対する答弁基準や請願自体を非公開として処理する

基準について，一貫性がなく公正性に欠けるとの議論もあります。

　最後に一言申し上げますと，多様なオンライン住民参加制度が設けられていますが，最も重要なのは，住民参加を受け入れる行政側の姿勢だと思います。結局のところ，行政が住民参加を単なる形式的な手続にすぎないものと認識すれば，無意味で空虚なものに終わってしまうでしょう。したがって，住民参加とコミュニケーションのための堅固で体系的な法制度に加えて，国民・住民の関心を引き出せるような政府の積極的な姿勢と誘因策が重要であるということを指摘して，本報告のむすびとしたいと思います。

　どうもありがとうございました。

◆ 第3部 ◆

個別領域から見る住民参加

― 原子力分野における住民参加 ―

韓国における原子力政策と住民参加

金　炅徳（김경덕）

1　はじめに

韓国個人情報研究院研究委員の金炅徳と申します。

新潟大学でのシンポジウムから台湾でのシンポジウムに続いて，本日もこのような発表の機会を頂き，大変光栄です。

韓国においても，他国と同様に，自治体の政策策定や意思決定の過程における住民参加の重要性が認識され，国民からの要請も高まっています。そうした流れの中で，一連の法律や自治体レベルの条例等が制定され，施行されています。特に2000年代以降，行政政策の中で決定プロセスをより民主的に運営するため，活発な議論が行われ，制度構築がされてきました。

本日は，脱原発政策と公論化に関する近時の動きを中心に，お話したいと思います（韓国の原子力政策の経緯の詳細については，『原子力政策と住民参加』に掲載されている論文をご参照ください）。

2　韓国における原子力政策と現況（文政権による脱原発政策）

韓国における脱原発運動は，市民団体や環境保護団体などによって展開されてきましたが，政策的にこれが初めて取り上げたのは，現在の文在寅政権です。文政権により，韓国の原子力政策は脱原発に転ずることとなりました。

57

　文政権は大統領選挙の公約として掲げていた脱原発政策の推進を大統領就任後の 2017 年 6 月 19 日に宣言し，原子力ゼロを目標とすること，新規原発の建設計画の白紙化，原発寿命延長の中止，月城（ウォルスン）原発第 1 号機の永久停止，当時建設中であった新古里（シンゴリ）原発第 5 号・6 号機の建設中止などを表明しました。

　しかしながら，新古里原発建設のためには既に 1,000 億ウォン相当の建設費用が投資され，建設率も 28.8% まで進捗した状況でした。そこで，建設計画を中断することになれば，地域産業に対する影響はもちろんのこと，国家全体の電力供給に影響が及ぶことが懸念されたわけです。急速な原子力政策の転換に伴い，推進派と反対派の間では激しい議論が行われることとなりました。

　住民参加の観点から注目すべきは，政策決定それ自体は文政権によって行われたものの，その決定方法は熟議に基づく世論形成，いわゆる「公論化」を通じて行われたことです。そして，この公論化において，世論形成・集約の媒介となったのが「公論化委員会」でした。

　文政権は，公論化委員会の最終勧告がいかなる内容であったとしても，それが熟議を経て出された国民の意見を反映したものである以上，最終勧告の内容に従うと宣言し，建設中止に関する賛否を公論化委員会に諮問しました。

　結果から申し上げると，公論化委員会は建設再開を勧告し，3 ヶ月間中断されていた新古里原発第 5・6 号機の建設が再開されることになりました。もっとも，公論化委員会の最終勧告は，現在建設中の原子力発電所を建設再開すべきとする一方で，将来的には脱原発に向かうべきとする内容でした。そのため，文政権はその後，脱原発政策の実現に取り組むことを表明することとなりました。

　ここで重要なのは，中止されていた原発建設の再開をすべきか否か
を問うために公論化と公論化委員会が用いられたということであり，
それは住民参加を深めるものであったということです。

　しかしながら，新規建設や寿命延長などの多くは文政権の任期満了
後に実施されるものがほとんどであり，韓国における今後の脱原発政
策の行方は予想できない状況にあります。今年（2022年）の春には大
統領選挙がありますが，脱原発政策に対しては，野党側の候補者が激
しい批判を向けており，与党側の候補者も脱原発政策に関しては議論
があるという発言をしています。

3　韓国の原子力関係法制と住民参加制度

　次に，韓国の原子力分野にはどのような法制度があり，そこにおけ
る住民参加制度はどのようなものであるか，ご紹介したいと思いま
す。

　原子力分野の法制度については，大きく分けて，安全に対する法制
度と振興に関する法制度があります。それぞれの中に，住民参加に関
する法制度が設けられております。

　まず，2011年に制定された「原子力安全法」（2011年7月25日，法
律第10911号）は，第103条において「住民の意見収斂手続（Gather-
ing Consensus from Residents）」について定めています。同条は，事
業者が「放射線環境影響評価書を作成するに当たっては，…放射線環
境影響評価書の素案を，オンライン情報公開及び関係地方公共団体の
提供により，供覧に供し，公聴会等を開催し，委員会が定める範囲の
住民の意見を収斂し，これを放射線環境影響評価書の内容に含めなけ
ればならない。この場合，住民の意見収斂対象地域を管轄する地方公

図：韓国の主な原子力関連法

区分	法律の名称
原子力安全	原子力安全法
	原子力施設等の防護及び放射能防災対策法
	生活周辺放射線安全管理法
	放射性廃棄物管理法
原子力安全組織	原子力安全委員会の設置及び運営に関する法律
	韓国原子力安全技術院法
原子力振興	エネルギー法
	原子力振興法
	放射線及び放射性同位元素利用振興法
	非破壊検査技術の振興及び管理に関する法律
	中・低レベル放射性廃棄物処分施設の誘致地域支援に関する特別法

共団体の長又は大統領令で定める範囲の住民の要求がある場合には公聴会等を開催しなければならない」と定めています。

　次に，2006年に制定された「エネルギー法」（旧「エネルギー基本法」，2006年3月3日，法律第7860号）は，エネルギー政策および関連計画の策定に関する基本的な事項について定めています。住民参加に関しては，同法が定めるエネルギー基本計画の策定主体である「エネルギー委員会」の規定に住民参加のプロセスが設けられています。同委員会は，大統領を委員長，国務総理を副委員長として各部の長官を含めて25人以下の委員から構成されますが，エネルギーに関係がある市民団体からの推薦者が5人以上でなければならず，いわゆる「専

門家・住民代表による住民参加」の住民参加手法を採用しています。

　なお，2005年制定された「中・低レベル放射性廃棄物処分施設の誘致地域支援に関する特別法」（2005年3月31日，法律第7444号）は，第7条において「処分施設の誘致は，住民投票法（2004年1月29日，法律第7124号）が定める住民投票によって誘致地域を選定しなければならない」とし，誘致地域の選定過程において過去に発生した行政と住民との紛争を未然に防止するための仕組みを設けました。このような仕組みが設けられた経緯については，後ほど述べます。

　最後に，2008年には「放射性廃棄物管理法」（2008年3月28日，法律第9016号）が制定されました。現在，韓国の個別法や条例では「公論化委員会」と呼ばれる手法がよく用いられていますが，同法は，「公論化委員会」に初めて法的根拠を与えた法律です。

　公論化委員会は「専門家・住民代表による住民参加」の一種ですが，意見の形成・集約のあり方において，単なる「専門家・住民代表による住民参加」とは若干異なる特徴があります。

4　公　論　化

　それでは，「公論化」についてご紹介いたします。

　公論化については，韓国国内において正確な概念整理がされているとはいえない状況にありますが，実際に法律用語として使われているものであるので，それらについて紹介いたします。

　まず，「釜山広域市西区公論化委員会の設置および運営条例」第2条では，「公論化とは，主要案件及び公共政策の策定，推進過程において社会的葛藤が予想される事項に関して，利害関係者，一般人又は専門家等から多様な意見を聴く手続をいう」と定められております。

次に，「仁川広域市においては仁川広域市公論化委員会設置及び運営に関する条例」第2条では，「公論化とは，該当市が計画し推進する公共政策に関する公共葛藤の解決のために合意された公論を形成する一連の過程をいう」と定義されております。ここでの公共政策とは，市が公共の利益のために策定する政策，自治法規の制定・改正，各種事業計画の策定，推進を含みます。

また，定義規定ではありませんが，放射性廃棄物管理法第6条の2第1項においては，「使用済み核燃料管理等，社会的葛藤が予想される事項について利害関係者，一般市民，専門家等から構成された広範囲な意見聴取手続」が公論化であると定められております。

このように，公論化とは，行政が遂行する社会的葛藤が予想される主要な政策の策定過程において，利害関係者，住民，専門家等の意見を集約し反映する手続であるということができます。

5　公論化委員会

次に，世論集約の媒介となった「公論化委員会」の構成や権限について申し上げます。

先ほど申し上げたように，放射性廃棄物を安全かつ効率的に管理するために必要な事項を規定する法律として，韓国においては，「放射性廃棄物管理法」が制定されており，同法6条の2には，「公論化委員会」に関する規定が設けられています。

すなわち，産業通商資源部長官は，使用済み核燃料の管理等，社会的葛藤が予想される事項に関して，利害関係者，一般市民又は専門家等から構成された意見聴取を行うことができ（同条1項），この公論化のためには公論化委員会を時限的に設置することができます（同条

2項）。

　同委員会は委員長1名を含む計15名の委員から構成され（同条3項），使用済み核燃料の管理及び社会疎通の学識経験のある者であることが委員の要件とされています（同条4項）。公論化委員会は，議決を経て，産業通商資源部長官と原子力振興委員会に対して勧告案を出すことができます（同条5項）。

6　原子力分野における過去の住民投票の事例

　崔勝弼先生のご報告にもあったように，これまで韓国国内において住民投票が実施された事例は計12件ございます。原子力分野におけるものとして，ここでは2つの事例を取り上げたいと思います。

　1つ目の事例は，住民投票法が成立する前の2004年2月15日に住民投票が実施されたものです。すなわち，法律に基づかない住民投票の事例であり，法的根拠がなく実施されたので，当然，法的拘束力のない住民投票でした。

　この事例は，全羅北道・扶安郡において，中低レベル放射性廃棄物処分施設の用地選定への申請をめぐり，住民投票が実施されたものです。このような地域全体への影響が大きい重要な政策案件について，行政，つまり当時の郡守が，住民の意見を反映する手続を踏まず，一方的に決定し推進したため，住民が自主的に住民投票を実施するに至りました。この事例は，当時の群首が監禁される暴行事件にまで発展し，韓国国内で大きなイシューともなりました。

　この事例は，住民の意見の集約・反映が十分になされないままに政策決定がされるとどのような結果がもたらされるのかを示すものとして評価できます。

　この事例の反省を踏まえ、「中・低レベル放射性廃棄物処分施設の誘致地域の支援に関する特別法」が制定され、同法により、住民投票法に基づく住民投票が義務づけられることとなりました。

　2つ目の事例は、このような経緯を背景に、2005年に、住民投票法に基づいて、複数の自治体において同時に住民投票が実施されたものです。

　この住民投票の実施にあたっては、政府が中・低レベル放射性廃棄物処分施設の誘致を希望する自治体を公募し、希望する自治体の住民にその賛否を問い、賛成率の高い地域を選定する形で進められました。政府の公募に対して、慶州（ギョンジュ）、群山（グンサン）、栄徳（ヨンドク）、補港（ポハン）の4つの自治体が施設誘致を希望したため、2005年11月2日、これらの自治体において同時に住民投票が実施されました。その結果、最も住民の賛成率が高かった慶州（賛成率89.5%）が選定されました。

　この事例で注目すべき点は、法律によって制度化された住民投票が実施されたことも重要ですが、住民投票に至るまでの情報提供、説明会、討論等の世論形成過程・住民参加に欠かせないプロセスが、住民投票法の定めに従って実施された点にあると思います。世論形成のための事前手続がどのようになっていて、実際にどのように運営されたのかを検討することは、実質的な住民参加を保障・実現するという意味において、重要な要素になるでしょう。

7　おわりに

　報告の最後に、公論化・公論化委員会についてもう一度触れたいと思います。

　先ほど述べました通り，公論化委員会は脱原発に関わる意見集約の媒介として，住民参加の一類型あるいは促進のために機能しました。

　しかしながら，公論化委員会に関しては，批判や問題も多いことを指摘しておきます。例えば，公論化委員会は国務総理訓令に基づき設置されたものです。すなわち，シンゴリ第5・6号機建設中止・再開に関する公論化委員会の法的根拠は，「シンゴリ第5・6号機公論化委員会の構成及び運営に関する規定」（国務総理訓令第690号）です。その設置に関わる根拠・法的拘束力・運営過程等のさまざまな論点に対しては現在まで批判が多く，検討すべき論点が多くあります。

　ご清聴，ありがとうございました。

韓国の地方自治制度における原子力施設関連住民の参加類型

ワン・スンヘ
王　勝　惠 (왕승혜)

　韓国法制研究院研究委員の王勝惠と申します。

　本日はこのような貴重な報告の機会をいただき，誠にありがとうございます。

　私からは，個別法の領域において，特に原子力施設と関連した領域における住民参加制度が韓国の地方自治法と地方自治制度の中でどのように制度化され，運営されているのかについて，ご報告したいと思います。

1　住民参加の2つの類型

　韓国の数多くの個別法においては，「住民の意見聴取」という形で，大型公共施設や原子力関連施設との関係において，住民参加手続が定められております。

　しかしながら，住民の意見聴取に関する，個別法の条文の内容を詳しく見てみると，利害関係者として参加する住民なのか，それとも，政策に対して一般的な地位で参加する住民なのか，分からない場合が数多くあります。その理由は，住民が直接的な当該地域の利害関係者として参加する場合なのか，あるいは，広域的な行政によって影響を受ける可能性がある一般的な地位における住民なのか，住民がいかなる資格で参加するのかが，明確にされていないことにあります。

67

さらに，個別法においては，主務部長官を特定し，その長官の事務として住民の意見聴取の手続を義務的に履行しなければならないと定められている場合もあれば，任意に住民の意見を聴取することができると定められている場合もあります。

このように，法律の規定からだけでは，住民の意見聴取の手続が不可欠なものとして定められたものである否か，住民参加の手続に瑕疵があった場合に手続的な違法が生ずるか否か，さらに，仮に手続的な違法があったとして，その違法が関連する処分等を無効に至らしめるほど重大なものであるか，といった点が，必ずしも明らかになるわけではありません。

本報告においては，住民が自己の権利についての直接的な利害関係者として参加する住民参加と，住民が一般的な資格において参加する立法的な過程への住民参加とを，住民参加の類型として位置づけることとしました。

2 住民参加手続に瑕疵があった場合の法的効力

(1) 大法院の判例

大法院の判例（大法院 2007.4.12 宣告 2006 ドゥ 20150）には，住民の意見聴取手続が必須のものとみられ，住民が参加する機関に「議決機関」としての役割が与えられているとき[注]，これに瑕疵があった場合に，関係する処分が無効となる旨を判示したものがあります。

同判例によれば，「（〔公共廃資源管理施設法に基づいて設置される〕立地選定委員会は，廃棄物処理施設の立地を選定する議決機関ということができ，立地選定委員会の構成方法について一定数以上の住民代表等を参加させることは，廃棄物処理施設の立地選定手続において住

民参加を保障することにより，住民の利益や意思を代弁し，住民の権利に対する不当な侵害を阻止し，行政の民主化と信頼を確保することにその趣旨があるため，住民代表や住民代表の推薦による専門家の参加なく行われる等，立地選定委員会の構成や手続に瑕疵がある場合には，その瑕疵ある立地選定委員会の議決に基づいて行われた廃棄物処理施設の立地決定処分も違法となる」としています。

その上で，同判例は，「住民代表が推薦した2人の専門家を参加させるようにした立法趣旨は，…住民全体の利益と意思を代弁させることにより，住民参加をより実質的なものとなるようにしており，地方公共団体の専横や少数住民代表の軽率な決定による住民の権利に対する不当な侵害を防止し，行政の民主化と信頼を回復することにあり，このような趣旨に鑑みると，立地選定委員会に専門家4人，特に住民代表が推薦した専門家2人の参加は必要不可欠な要素であるため，…郡長と住民代表が選定，推薦した各2人の専門家を含めないことの瑕疵は重大であり，かつ，客観的にも明白であることから，当該瑕疵は無効事由に該当する」と判示しています。

(2) 原子力分野における個別法の規定

しかしながら，原子力施設に係る個別法の規定においては，住民の意見聴取の手続が必要なものであるかについて明確に定められておらず，これが国家事務であるのか自治事務であるのかも明らかではありません。

原子力施設に関しては，用地選定から放射性廃棄物管理に至るまで，非常に多様な段階において，住民参加が定められています。そして，これらの住民参加手続の中には，住民が委員会の構成員として参

加する場合や，処分の事前手続のように，法令の規定に基づいて参加
する場合，さらには，法令において概括的に住民の意見を聴くことが
できると定められている場合も含まれます。

　したがって，原子力施設のような大型公共施設の設置については，
地域住民が参加する住民参加の多様な形式が存在するところ，先ほど
申し上げたように，利害関係人の資格による参加の場合と，一般住民
の資格による参加の場合とを分けて考える必要があります。

　もっとも，前者の類型による場合であっても，住民委員会による参
加，すなわち，住民が委員会の構成員となり，議決権を行使し，その
議決の結果に対して法律で拘束的効果を付与することにより，その議
決に従って政策が執行されるようにする場合もありますし，さらに
は，住民投票の方法を通じて住民が参加する場合も含まれます。

(3) 国家事務と自治事務による区別？

　ところで，崔勝弼先生のご報告にあったように，韓国の住民投票
法においては，国家事務と自治事務を区別した上で，国家事務につい
ては，住民がある特定の政策テーマに関して住民投票の実施を求める
権利が定められておらず，住民にこのような建議権が認められている
のは，自治事務に関してのみです。また，国家事務に関する住民投票
の結果は，参照される程度の法的効力が付与されるにとどまっている
のに対して，自治事務に関する住民投票の結果には法的拘束力が認め
られており，住民投票の結果に従って政策が実施されることになりま
す。

(4) 個別法による住民参加手続の明確化の必要性

　結局のところ，原子力施設に関連する様々な段階において，住民にどのような影響が及ぼされるのか，法的に判断することはできません。また，問題とされるテーマが国家事務であるか自治事務であるかによって区分し，それぞれの場合について住民投票の必要性やその法的効果について論ずることは望ましくありません。

　報告者としては，住民の生活，住民の権利と義務への影響など，多様な要素の科学的分析や影響分析を通じて，一連のプロセスの各段階ごとに，住民参加の手続が必要とされる程度について，詳細に分析する必要があると考えています。立法論としては，住民参加の類型に関する規定や，住民参加の手続に瑕疵があった場合を含め，法的効力に関する規定を，個別法に設けるべきであるといえます。

3　任意で実施された住民投票の適法性と結果の拘束力

(1) 江原道・三陟市の事案

　ここでは，江原道・三陟市において，市長や住民らにより，原子力発電所の誘致の賛否を問う住民投票が任意に実施された事例を素材として，任意で実施された住民投票の効力と結果の拘束力の問題について考えてみます。

　法律上，住民投票の実施が求められていない場合であっても，自治体の長がある特定の政策テーマの賛否を問う住民投票を実施すると選挙で公約していた場合，その公約を守るためには，住民投票を実施することが必要になります。三陟市の事例では，市長が，地方選挙の際に，原子力発電所の誘致の賛否を問う住民投票を実施することを公約していました。

　韓国では，選挙管理委員会が住民投票の管理・運営を行うこととされており，住民投票法上，選挙管理委員会には，住民投票に関する公告を行い，住民が実際に投票できるようにする手続等を実施する役割が与えられています（住民投票法3条）。しかしながら，三陟市選挙管理委員会は，原子力発電所の誘致の賛否を問う住民投票の実施が国家事務に当たること，任意により実施される住民投票の手続にはさまざまな違法があること等を理由に，住民投票の実施に協力しませんでした。そこで，市長や住民たちは，任意による住民投票の実施に至ったわけです。その後，住民投票を実施し又は実施に協力した市長，市の職員ら，住民らが，職権濫用罪，権利行使妨害罪を理由に告訴されました。

　この刑事事件においては，原子力発電所の誘致の賛否を問う住民投票が国家事務に当たるか，自治体の長や住民に住民投票の実施権や建議権が認められていない中で実施された住民投票は法的に許容されるものであるか，が争点となりました。

　大法院は，原発誘致の申請や撤回は住民の福利と密接な関連を有する自治体の自治事務であることから，本件のような任意による住民投票の実施は正当なものであると判断しました。

(2)　個別法における明確な規律

　このように，選挙管理委員会と大法院で相反する法解釈が示され，法的な争点となった理由は，原発誘致申請や撤回といった事務が，その重要性にもかかわらず，国が管轄する事務なのか自治体が管轄する事務なのか，それとも国と自治体が共同で協力して遂行しなければならない事務なのか，そして，どのような段階でどのような規模で住民

の意見聴取や住民投票が行われるべきかが，法律で明確に定められて
いなかったことに求められます。

　そこで今後は，原子力発電所や廃棄物処理施設の用地選定のような
住民の権利義務に影響が及ぼされる重要な手続については，どのよう
な範囲・規模で住民の意見聴取が行われるべきか，住民の意見聴取の
手続として住民投票を用いる場合には，住民投票法のいずれの条文が
準用されるべきかについて，個別法で明確に定めを置く必要があると
考えられます。

4　住民の権利義務への影響を考慮した住民投票手続の制度化の必要性

　住民投票の結果に法的拘束力を認めて直接政策に反映するのか，そ
れとも単に参考にとどめるのかも，政策決定に重要な影響を及ぼしま
す。さらに，住民参加には様々な類型があります。原子力施設の設置
手続を個別法において制度化する際には，これらの要素に加え，住民
の権利義務や福利に及ぼされる影響を踏まえる必要があることを報告
の最後にもう一度申し上げ，むすびといたします。

［注］────────────────────────────

　公共廃資源管理施設の設置運営及び住民支援等に関する特別法（公共廃資源
管理施設法）9条1項は，「設置運営機関は，第8条の規定により立地候補地が
公告されたときは，遅滞なく，大統領令で定めるところにより，住民代表の参
加する立地選定委員会…を構成して，公共廃資源管理施設の立地を選定しなけ
ればならない」と定める。これは「議決機関」としての住民参加の例である。
他方において，同法28条は，「設置運営機関は，住民代表及び住民代表と公共
廃資源管理施設の管轄地方公共団体の長が推薦した専門家としての住民協議体
…を構成することができる」と定める。これは「諮問機関」としての住民参加
の例である。

韓国の放射性廃棄物管理政策と住民参加

鄭　明雲 (정명운)
<ruby>鄭<rt>ジョン</rt></ruby> <ruby>明<rt>ミョン</rt></ruby> <ruby>雲<rt>ウン</rt></ruby>

韓国法制研究院の<ruby>鄭<rt>ジョン</rt></ruby> <ruby>明<rt>ミョン</rt></ruby> <ruby>雲<rt>ウン</rt></ruby>と申します。

私からは，韓国の高レベル放射性廃棄物管理と住民参加についてご報告いたします。個人的には，昨年12月まで関連する研究を行っておりました。

1　高レベル放射性廃棄物管理と住民との相関関係

まず，放射性廃棄物管理と住民との相関関係についてお話します。

放射性廃棄物は，中低レベル放射性廃棄物と高レベル放射性廃棄物とに分けることができます。

韓国では，慶州に中低レベルの放射性廃棄物の処分場が設置されており，安全性確保の観点から，地下約100メートルから300メートルの位置にトンネルが建設され，そこに中低レベルの放射性廃棄物が保存されています。中低レベルとは，例えば，病院で利用されているX検査やCT検査，原子力や放射線を取り扱う作業者が受ける放射線レベルのことを指し，我々の身体にとってはほとんど無害なものです。

これに対して，高レベル放射性廃棄物とは，いわゆる使用済み核燃料と呼ばれるものです。高レベル放射性廃棄物は放射能濃度と熱量が非常に高く，一度漏れ出すと，人の健康や生命に直接的な影響を与えます。そのため，高レベル放射性廃棄物の管理は，世界的に原発保有

国における大きな課題となっており，関連する数多くの研究が進められています。

　原子力発電所の敷地内に一時貯蔵された使用済み核燃料については，政府と住民・市民団体との間で，解釈上の違いや利害の対立が生じています。

　法律上，放射性廃棄物は，放射性物質又はこれにより汚染された物質で，廃棄の対象となるものと定義されております（放射性廃棄物管理法2条1号，原子力安全法2条18号）。したがって，放射性物質又はこれにより汚染された物質であっても，廃棄の対象とならない限り，放射性廃棄物には当たらないことになります。

　政府解釈によれば，使用済み核燃料が原子力発電所の敷地内に一時保管されている場合は，放射性廃棄物には該当せず，原子力発電所の敷地内での保管には問題ないものとされています。これに対して，原子力施設の周辺住民からは，使用済み核燃料は放射性廃棄物にほかならず，原子力発電所の敷地内に保管してはならない，との反対の声が上がっています。

　放射性物質が漏洩した場合に生ずる危険は，チェルノブイリ原子力発電所や福島第一原子力発電所の事故を挙げるまでもなく，よく知られています。原子力施設の周辺住民の放射性廃棄物の安全性に対する不安感は，放射性廃棄物の廃棄の有無を問わず，大きなものであるといえます。さらに，使用済み核燃料に「高レベル」の放射性物質が含まれているとなれば，住民が不安感を抱くのはなおのことです。このような不安感は原子力施設の周辺住民はもちろんのこと，すべての国民が持っているものであるといえるでしょう。

　政府と住民・市民団体との間に葛藤が生じる要因としては，このよ

うな不安感に加えて，放射性廃棄物の管理政策に関する透明性や意思決定への参加の機会が不十分であることから，政府に対する不信感が高まっていることを指摘することができます。韓国では，「産業通商資源部」が使用済み核燃料や放射性廃棄物の管理を所管していますが，産業通商資源部や政府が発表する資料や計画に対して，地域住民や市民団体は，現在もなお高い不信感を持っています。

2　高レベル放射性廃棄物管理政策の限界と原因

次に，放射性廃棄物管理政策の限界と原因について，お話したいと思います。

韓国においては，1978 年の古里（コリ）原発第 1 号機の稼働以来，これまで 43 年にわたって放射性廃棄物をめぐる問題に取り組んできましたが，使用済み核燃料は蓄積されていくばかりで，根本的な課題は依然として残されたままです。

図：原子力発電所別の使用済核燃料の飽和率及び飽和時点

	コリ	ハンビット	ハヌル	セウル	シンウォルソン	ウォルソン
飽和率（％）	83.3%	74.2%	80.8%	19.0%	62.9%	98.8%
飽和時点（年）	2031 年	2031 年	2032 年	2066 年	2044 年	

出典：産業通商資源部「第 2 次高レベル放射性廃棄物基本計画行政予告案」（2021 年 12 月）

(http://www.motie.go.kr/motie/ms/nt/announce3/bbs/bbsView.do?bbs_cd_n=6&bbs_seq_n=67155)

　2021年12月に産業通商資源部が第2次高レベル放射性廃棄物基本計画を発表した際の公表資料によれば，例えば月城（ウォルソン）原発の場合，放射性廃棄物の飽和率は現時点で98％に達しており，飽和時点は，一番早くて2031年，一番遅くとも2066年と予測されています。

　このように，高レベル放射性廃棄物が間もなく飽和すると見込まれることを踏まえ，韓国政府は高レベル放射性廃棄物処分場の用地選定問題に頭を悩ませています。これまで1983年から合計9回にわたり用地選定が試みられましたが，具体的な成果を上げることはできていません。

　金 炅 徳 先生のご報告にもありましたように，韓国では2009年に「放射性廃棄物管理法」が制定されました。同法では，使用済み核燃料と関連する社会的葛藤が予想される事項について，公論化に関する法的根拠が設けられ，この規定に基づき，2014年に使用済み核燃料公論化委員会が設置されました。

　この公論化委員会には多くの住民ら（利害関係者や市民団体，専門家）が参加しましたが，政府側の議論に重点が置かれ，住民らの意見反映が不十分であったことから，途中で脱退した者もいました。それにもかかわらず，公論化委員会の委員が新たに委嘱され，公論化委員会の運営は継続されました。その後，2016年に第1次高レベル放射性廃棄物管理基本計画，2021年12月に第2次高レベル放射性廃棄物管理基本計画が策定されましたが，政府と住民らの間には葛藤が続いています。

　このような葛藤が生じ，放射性廃棄物管理政策が進展しない原因は，どこに求められるでしょうか。住民参加に関する手続・規定に不

備があったからでしょうか。それとも，住民参加の機会が保障されていなかったからでしょうか。これまでの経緯を振り返って考えてみましょう。

　金 炅 徳先生のご報告にあったように，2003年に中低レベル放射性廃棄物処分施設の誘致が問題となった扶安事件が発生した原因は，住民の意見が十分に反映されなかったことにありました。その反省を踏まえて，その後，高レベル放射性廃棄物処理施設の用地選定について，自治体の側からの公募制度と住民投票制度が導入され，これらの制度により慶州（ギョンジェ）が用地に選定され，さらには，使用済み核燃料公論化委員会による公論化も行われました。しかしながら，ここでも住民の意思が十分に反映されなかったがために，放射性廃棄物の管理政策の推進が困難になってしまいました。

　原子力安全法第103条においては，住民の意見聴取の手続が設けられており，住民や自治体の意見を反映することが義務づけられています。この意見聴取の手続は，発電用原子炉及び関係施設を設置しようとする者（具体的には，韓国水力原子力公社（韓水原））が行うことになっています。

　もっとも，法制度上，住民の意見聴取が求められているのは，原子力施設の建設や稼働に係る許可が必要とされる事項についてのみであり，変更許可等に関する事項について，住民の意見聴取に関する規定はありません。そこで，王勝惠先生のご報告にあったように，住民の意見聴取手続が法律によって明確に定められていない場合に，住民の意見収集を反映する必要がないという立場と，住民の権利や生活に密接な関係があることから住民の意見を必ず聴くべきであるという立場が対立しています。

　また，公論化委員会の設置は，政府が必要であると認めた場合に限られており，現在までに必要であると認められたのは2件です。1件目が先ほどご紹介した2014年に設置された使用済み核燃料公論化委員会で，2件目が2017年に設置された使用済み核燃料管理政策再検討委員会（再検討委員会）です。

　しかしながら，以上のような取組みにもかかわらず，放射性廃棄物管理政策は進展をみせていません。その根本的な理由は，政府主導によるトップダウン式の意思決定が先行し，一連のプロセスの後になってから住民が参加したために，住民の意見の反映に限界が生じたことにあるといえます。

3　高レベル放射性廃棄物管理政策への住民参加機会の現実化

　次に，住民参加機会の現実化についてお話します。

　2017年に文在寅政権が発足し，脱原発政策への転換が図られました。そこで，住民参加の限界をどのように克服するのか，国民の安全と密接な関連をもつ放射性廃棄物管理問題をどのように進めるべきか，等の問題について検討を行う必要性が認識され，使用済み核燃料管理政策再検討委員会（再検討委員会）が2件目の公論化委員会として設置されることになりました。

　再検討委員会においては，公論化の過程がかなり広く捉えられ，まず，国民全体を対象とした公論化が行われ，その後，専門家・地域住民・利害関係者を対象とした公論化が行われました。そして2021年3月，再検討委員会は勧告案を公表しました。

　同勧告案においては，公開性，透明性，民主性，情報性，参加性などの基本的な原則が提示され，これらの原則に基づいて政府の信頼を

向上させるための方向性が示されました。住民参加の充実という意味
では，しっかりと住民の意見を反映すること，放射性廃棄物基本計画
の策定段階において，地域社会（住民）が参加し，社会的合意に基づ
いた用地選定を推進することの重要性が強調されています。

　2021年9月には，再検討委員会の勧告案を反映した「高レベル放
射性廃棄物管理に関する特別法案」（特別法案）が公表されました。

　特別法案には，放射性廃棄物管理に関する基本原則や用地選定の手
続に関わる住民参加に関する改革案が提示されています。また，中央
行政機関の意思決定主体として第三者的な独立機関を設立すること，
さらには，多様な主体が用地選定のあらゆる段階において参加できる
ようにすること等が内容として盛り込まれています。

　さらに，2021年12月，政府は，第2次放射性廃棄物管理基本計画
（案）を発表しました。ここでは，現行の放射性廃棄物管理法の全面
改正が現在準備中であることが明らかにされています。

図：用地選定の手続

計画策定・不適合地域優先排除	用地公募・住民意見確認	用地適合性基本調査	用地適合性深層調査	住民意思確認・用地確定
1年	2年	5年	4年	1年

出典：産業通商資源部「第2次高レベル放射性廃棄物基本計画行政予告案」
（2021年12月）
（http://www.motie.go.kr/motie/ms/nt/announce3/bbs/bbsView.do?bbs_cd_n=6&bbs_seq_n=67155）

このように，韓国ではこれまで，主要な意思決定の段階別過程における住民参加を制度化し，政府と住民が一体となった意思決定プロセスを構築してきました。しかしながら，政策策定段階から公募，誘致に至る各過程において，住民参加手続をいかに充実させるべきかについては，いまだ検討しなければならない課題が残されております。

4　放射性廃棄物管理政策への住民参加の現実化を図るための提言

住民参加の現実化を図るためには，財政的支援を越えた方策について考えなければなりません。

まず，ハードウェアとしてのインフラのみならず，ソフトウェアとしてのプログラムを拡充すべきです。また，高齢化が進展し，地方に若い世代が少なくなっている現状は日本も同様であると思います。原子力施設の立地地域とその近隣地域を１つのコンパクトシティにまとめて共生的に地域発展ができるような計画を行うべきです。さらには，原子力施設の立地地域に対する認識改善プログラムについても，現在のものとは異なり，もう少し具体的な方法で対応する必要があるでしょう。

最後になりますが，今日申し上げました参加と信頼に基づいた放射性廃棄物管理が韓国でも進展していくことを願っております。

ご清聴，ありがとうございました。

東アジアにおける住民参加
——原子力分野に焦点を当てて

宮 森 征 司

1 はじめに

新潟大学法学部の宮森征司と申します。本日はどうぞよろしくお願いします。専攻は行政法です。

第1セッションから第3セッションまで住民参加の法制度やその中身，実態等を含めまして，各先生方から大変有益かつ興味深いご報告をいただきました。私からは，「東アジアにおける住民参加——原子力分野に焦点を当てて」というタイトルで，若干，概括的・俯瞰的な観点からご報告させていただきます。

まず，報告の具体的な内容に入る前に，原子力分野における住民参加について，東アジアに着目して議論を行う際に抑えておくべきと思われるポイントについて，コメントをしておきます。

第1に，住民参加のあり方は，各地域の政治状況や文化によって大きな影響を受けます。特に原子力分野における住民参加のあり方については，原子力技術の導入の程度や，各国・各地域の政府の原子力政策に関するスタンス，推進なのか脱原発の方向に向かっているのか，それともそれ以外の方向性を模索しているのか，といった点が密接に関連してくるわけです。

第2に，原子力問題には，いったん原子力事故が発生した場合を想起すれば明らかですが，ある特定の国家や地域の問題にとどまらな

い，国境を越える問題としての特殊性があります。そうしてみますと，本日のように，地理的に近接している東アジアの研究者同士が共通の視座，議論の基礎を持ったうえで住民参加のあり方を共に考えていくことには，重要な意義が認められると考えられます。

　以上，申し上げたポイントを踏まえて，報告者として，本報告では，大きく2つの視点を大切にして報告したいと思います。一つは比較法研究の視点，そしてもう一つは，環境法体系と原子力法体系という視点でございます。

　まず，前者の視点については，私は日本の研究者ですので，東アジアの法制度の概観をする場合にも，日本法の問題意識が根底にあります。後ほど報告の中でも言及するように，日本の原子力分野における住民参加制度は，その歴史的な経緯から，他の東アジアの各地域とは異なる独自の道を歩んできた側面があります。他方において，東アジアの制度を概観する中で，共通する要素を抽出する作業を行いながら，同時に，各地域に特有の要素にも目を向けつつ，報告させていただきたいと思います。

　後者の視点については，環境法体系と原子力法体系の間の関係という一定の軸を設定しておりますが，この軸設定は，これらの二つの視点に基づき，報告者が日本法の独自性を意識して得られた研究成果であるのと同時に，東アジア各地域の住民参加制度を分析する際にも，有益な視点をもたらすものであると考えております。

　以上の点を踏まえ，本報告では，東アジア各地域の原子力分野における住民参加制度，具体的には，日本，韓国，台湾，中国，ベトナム，バングラデシュの6つの地域の原子力分野における住民参加制度の概要を整理した上で，本報告の後に控えております討論セッション

を見越し，住民参加のあり方に関する，若干の論点整理を試みます
（なお，各地域の住民参加制度の詳細については，『原子力政策と住民参加』
に掲載されている私の論文をご参照下さい）。

2　東アジアにおける住民参加制度の概観

それでは，具体的に，東アジア各地域の住民参加制度を取り上げて
いきたいと思います。

表：環境法および原子力法の中心となる法律の成立年

	環境法	原子力法
日本	環境影響評価法（1997 年）	原子力基本法（1955 年） 原子炉等規制法（1957 年）
韓国	環境影響評価法（1993 年）	原子力安全法（2011 年）
台湾	環境影響評価法（1994 年）	放射性物料管理法（2002 年）
中国	環境影響評価法（2003 年） 環境保護法（2014 年）	核安全法（2017 年）
ベトナム	環境保護法（1993 年）	原子力法（2008 年）
バングラデシュ	環境保護法（1995 年）	原子炉等規制法（2012 年）

（1）日　本

先ほども申し上げたとおり，日本の原子力分野における住民参加制
度は，かなり独自の路線を歩んできました。それは東アジアの中で，
日本が原子力法体系を環境法体系に先行して整備したという歴史的な
事情によります。現行法においては削除とされておりますが，かつて
の環境基本法 13 条，環境影響評価法 52 条 1 項においては，放射性物

質による環境影響について，環境影響評価制度が適用除外とされていました。このことを住民参加の観点から捉え直すと，原子力分野において，環境影響評価法に定められた住民参加制度は適用されていなかったことを意味します。

しかしながら，その後，2011年の東京電力福島第一原子力発電所事故の経験を経て，2014年の震災後の法改正の一環として，これらの適用除外規定は削除されるに至りました。現在においては，原子力分野についても，環境影響評価法に基づく住民参加制度が適用されています。

もっとも，下位法レベル，省令や運用の実際を具体的に見てみると，2014年の法改正前の考え方が維持され，適用除外の構造が残されている部分があります。さらに，のちに具体的に見ていくように，東アジアの各地域においては，環境法体系の側のみならず，原子力法体系の側にも住民参加に関する具体的な法規定が整備されています。しかしながら，日本の場合には，特に学説の側からそのような規定を整備すべきであるという意見が過去から強く主張されてきたにもかかわらず，対応する住民参加に関する規定の整備には至っていません。

他方において，放射性廃棄物の最終処分場の立地選定については，最終処分法の規定に基づく住民参加制度が整備されています。なお，同法に住民投票の仕組みは設けられていません。

(2) 韓　国

次に韓国の住民参加制度です。こちらについては先ほどより韓国側の報告者からたいへん充実した内容の報告がされたところですが，本報告の立場から，整理しておきたいと思います。

　まず，2014 年の法改正前における日本の状況とは対照的に，韓国の法制度においては，当初から原子力施設が環境法体系に基づく環境影響評価制度の適用対象に含まれており（環境影響評価法 4 条及び同法施行令 3 条），さらに，原子力法体系の側にも住民参加に係る具体の法規定が設けられています（原子力安全法 103 条）。

　また，放射性廃棄物の処分場立地選定につきましては，中程度レベルのものについて，中・低レベル放射性廃棄物処分施設の誘致地域の支援に関する特別法が制定されており，同法が定める立地プロセスの中に，住民投票法に基づく拘束型の住民投票制度が組み入れられています（同法 7 条）。

(3) 台　湾

　台湾の住民の参加制度についても，韓国と同様に，原子力施設に関して環境影響評価法の適用があり（環境影響評価法 5 条 10 号），また原子力法体系の側にも原子力施設の許可制度との関係において，住民参加制度が具体的に整備されています（放射性物料管理法 8 条，17 条）。

　低レベル放射性廃棄物の設置に関しては，2006 年に低レベル放射性廃棄物最終処分場設置条例（法律）が制定されており，「公民投票法」に基づく拘束型の住民投票制度が立地プロセスの中に組み入れられています（同法 11 条）。

　このように，韓国と台湾の住民参加制度には，かなり類似，重複する部分があります。

(4) 中　国

　中国の住民参加制度についても，ほぼ構造としては同様に，環境影

響評価の仕組みを前提として（環境保護法21条），核安全法という原子力法分野の法制度でも整えられております（核安全法66条）。ちなみに，環境影響評価法と核安全法の住民参加に関する規定の文言は，ほとんど同じものです。

1点補足しておきますと，先ほど住民参加を権利として捉える見方が韓国の法制度との関係で崔勝弼先生や王勝惠先生のご報告で取り上げられましたが，中国の場合，住民参加が権利というよりも，どちらかというと行政機関の任務規定として考えられている側面があります。

なお，放射性廃棄物処分場の立地選定に特化した法制度は，中国では整備されておりません。

ここまで，パネリストとしてご登壇いただいている本日の登壇者，日本，韓国，台湾の各地域の住民参加制度を概観してきました。次に，東南アジアの2カ国，ベトナムとバングラデシュの住民参加制度を取り上げたいと思います。

(5) ベトナム

ベトナムにおいても，やはり環境法に基づく環境影響評価制度が基軸にあり（環境保護法21条，22条），原子力法による住民参加制度がそこに上乗せされております（原子力法38条，47条，48条）。

興味深いのは，住民参加の主体として，コミュニティという単位が用いられている点です。東南アジアの地域の住民参加の一つのあり方を示すものと思われます。

(6) バングラデシュ

　最後に，バングラデシュです。こちらは環境法体系に基づく環境影響評価制度が整備されているものの，住民参加の実施は実務の運用に委ねられています。他方で，原子力規制法11条には，住民参加に関する規定が，原子力規制庁の所掌事務として定められています（同法11条13号・32号・33号）。

3　ま　と　め

　ここまで，東アジアの住民参加制度について概観してきました。以上の内容を踏まえて，報告者の立場から若干のまとめをしておきたいと思います。ポイントは4点ございます。

　第1に，東アジアの住民参加制度については，各地域の背景事情は異なっていても，環境法体系と原子力法体系とを背景とした住民参加制度の構築という，各地域に共通するあるいは普遍的な構造を読み取ることが可能であるということです。

　その背景には，おそらく2つの流れがあると考えられます。

　一つは，国際環境法の文脈において，オーフス条約のような欧州地域における住民参加の取組みに代表される，住民参加を手続的権利として捉える議論が，東アジア全体にも影響を与えているという大きな流れです。

　もう一つは，とりわけ東南アジアとの関係，特に原子力技術を導入して間もない国家・地域においては，国際的な支援を受けるための条件として国内法における原子力法制度の整備が求められており，かつ，その中の重要な要素として住民参加が位置づけられていることがあります。

　これらの事情が，東アジア各地域の原子力分野における住民参加制度の普遍化・共通化をもたらしているといえます。

　第2に，いま普遍的な要素について強調しましたが，他方でやはり各国・各地域の固有性，多様性も十分に意識しておかなければなりません。

　これについてはさまざまな点を指摘することができますが，本日の韓国側の報告者の報告内容をお聞きしたところでは，日本の議論状況と比較すると，とりわけ住民投票に関する議論について，間接民主主義か直接民主主義かという二者択一で議論するのではなく，地方自治のあり方や，広い意味での民主主義とあり方との間に生ずる緊張関係を正面から踏まえた上で，折り合いの付け方について議論を具体的に展開していく必要性を感じたところです。

　第3に，政策過程全体を踏まえた住民参加の設計をしていく必要があると思います。住民参加は権利なのか否かという観点からの議論はもちろん重要ですが，住民参加の各種手続の中には，権利的な要素を持っているものもあれば，そうでないものもあります。さらに，手法面から見ても，住民投票のような手法は注目を集めやすいものかも知れませんが，伝統的にも説明会や公聴会がございますし，無作為抽出により参加する主体を選出した上で住民参加の場を設定するような手法も考えられます。さらには，金度承先生から韓国の充実した取組みをご紹介いただいたとおり，特にコロナ禍の状況も踏まえると，住民参加も対面のものに限られる訳ではなく，電子的な手法をどのように取り入れていくべきかといったことも，今後，検討すべき課題として考えられます。このように，多様な観点や手法があることを踏まえた上で，政策過程全体を視野に入れた上で，住民参加の制度設計や住

民参加のあり方について考えていく必要があるのだと思います。

　第4に，そのような検討を進める際，馬場先生のご報告にも示されていたように，責任という観点が，重要な要素になってくるのではないかと思います。住民参加について，誰が責任を負うべきなのか。具体的に責任を負う主体としては，立法者や行政機関が考えられますが，場合によっては，住民自らが責任を負うべきケースも想定されるかも知れません。

　以上，論点の提示に終始した感はありますが，本報告の内容が原子力分野における住民参加を考察するにあたり，また国際的な交流，意見交換を進めるに際して，何らかの素材を提供できれば幸いです。ありがとうございました。

東アジア研究者間の国際的対話

〔パネリスト〕 ＊発言順
田 中 良 弘（立命館大学教授／新潟大学客員教授）
頼 　 宇 松（国立東華大学〔台湾〕副教授）
周 　 　 蒨（久留米大学教授）
渡 辺 　 豊（新潟大学教授）
栗 田 佳 泰（新潟大学准教授）

1 原子力分野における住民参加のあり方

田中：それでは，これまでのご報告を踏まえて討論セッションを始め
たいと思います。既に参加者の方からご質問をいただいていますが，
この討論セッションでの議論を聞いて生じた疑問についても随時
チャットにてご質問をいただければ，セッション中に取り上げたいと
思いますので，ぜひご質問をお願いします。

　さて，参加者の中には，なぜ第3部（個別領域から見る住民参加：原
子力分野における住民参加）で日本についての報告がないのだろうと疑
問に思われた方もいらっしゃるかもしれません。本来であれば，韓国
の先生方のご報告に対して，日本側でカウンターパートとなる報告を
すべきだったのですが，時間の都合で難しかったため，この場を借り
て，本日の先生方のご報告を踏まえ，少しお話しさせていただきたい

と思います。

　実は，今回のシンポジウムに先立ち，新潟大学では，3 年以上にわたり原子力分野における住民参加のあり方について研究プロジェクトを実施してきました。2022 年 1 月末に，その成果を『原子力政策と住民参加』という書籍として出版いたしますので，ご興味のある方は，是非そちらをご一読いただきたいと思います。

　先ほど宮森先生のご報告の中でも指摘がありましたように，原子力は極めて特殊な分野であり，そこでいくら議論しても，原子力法の中での閉じた議論にとどまってしまいかねません。そこで，書籍の私の論文では，原子力分野における住民参加のあり方について研究した成果を，環境法や行政法の議論にフィードバックすることが今後の課題であると指摘しました。

　そういった視点で本日の先生方のご報告をお聞きしていたのですが，原子力という個別分野の特徴を踏まえつつ，住民参加一般についても発展的な議論がなされており，非常に勉強になりました。

　例えば，馬場先生からは，住民参加について理論的な整理をしていただき，アーンスタインが述べた住民参加の理想型が妥当する分野と，そうではない分野があるのではないかということをご指摘いただきました。

　馬場先生の問題意識に沿って，あらためて原子力分野における住民参加について考えてみますと，他の分野と比べて静的準同一性や動的準同一性が低いことは明らかです。例えば，鄭 明 雲 先生にご報告いただいた放射性廃棄物の処分については，高レベル放射性廃棄物が天然ウランと同じ放射線レベルになるまでには数万年かかると言われており，人類が滅びているかもしれないような未来のことまで考えて

政策決定をする必要があります。そうしますと、住民参加に関する従来の学説において議論されてきたことが、原子力分野には直ちにあてはまらないことになります。

その一方で、世界的にみて、近年において最も住民参加のあり方が議論されているのが、原子力分野だと思います。私が原子力分野の住民参加のあり方について研究を始めるきっかけとなったのは、2018年のアジア原子力協力フォーラム（FNCA）において日本の状況について報告した際、アジアを含む諸外国で原子力分野の住民参加について高い関心が寄せられていることを実感したことでした。そこで、その問題について研究プロジェクトを開始しようと考えて最初に声をかけたのが、本日私の向かいに座っている宮森先生です。

宮森先生のご報告にありましたように、原子力分野の住民参加に関する日本の法整備は、アジアを含めた諸外国に比べると遅れています。もっとも、注意しなければならないのは、日本において原子力利用に関する法体系が整備されたのは1960年代半ばであり、1967年にアーンスタインが嚆矢となる論文を発表して住民参加という概念が世の中に広まるよりも前であったということです。その結果、日本の原子力法は、住民参加という概念を法体系に取り込む機会を得ないまま現在に至っているように思われます。

それでは、日本は原子力に関する政策を決定するにあたり住民参加を行っていないのかというと、そうではありません。政府や地方公共団体は、原子力に関する政策決定にあたり、法制度に基づかない任意の住民参加を様々な形で実施してきました。もっとも、法制度に基づかない住民参加は、行政にとって都合のいいときにのみ恣意的に実施しているのではないかという疑いを抱かれるおそれがあることは否め

ません。やはり，今後しっかりと法整備を進めていくべきだと思います。

2　東アジアにおける原子力政策と住民参加

前置きが長くなりましたが，まず，頼先生に，台湾の状況についてご質問いたします。

韓国と同様，台湾においても住民投票制度（公民投票制度）が設けられています。しかも，既に2回も，原子力発電の是非をめぐって公民投票が実施されています。

2018年8月に実施された公民投票では，投票の結果，台湾の原子力発電所を2025年までに全て運転停止すると規定した電気事業法95条1項が削除されました。その一方で，2021年12月に実施された公民投票では，台湾第四原発の建設を中断すべきだという投票結果が示されています。

このように，台湾においては，まさに民意が揺れているわけですが，台湾における原子力政策とそれに対する住民の受け止め方について，お聞かせいただけますでしょうか。

頼：現在，台湾の蔡政権は今年に入って2期目ですが，「非核家園」と呼ばれる脱原発政策が継続されております。

田中先生にご紹介いただいたように，1回目の公民投票で電気事業法95条1項が削除された背景には，2017年に火力発電所の作業員の操作ミスによって台湾全域で極めて大規模な停電事故が発生したこともあり，電力供給体制に関する国民の不安が広がったことがあると思

います。

　2回目の公民投票においては，一度中止された第四原発の建設再開の賛否が争点となりましたが，結果的には不成立に終わりました。一見すると，蔡政権にとって有利な結果が示されたように見えます。しかしながら，実際には国民投票の投票率（41.09%）が前回と比較するとかなり低かったのです。また，得票率の詳細をみると，賛成（47.16%）対反対（52.84%）であり，両者の差がわずか5%に過ぎなかったのです。投票日の気温は非常に低く，なかなか投票に行く意欲が出にくい状況があったことを踏まえると，国民が必ずしも蔡政権の脱原発政策を支持しているとは限りません。

　その意味で，金度承先生からご紹介のあったオンライン電子署名を住民投票に導入するシステムは，大変興味深く感じました。台湾でも，韓国のシステムを参考にしながら，天候等に左右されず，自宅でも自分の意志を表明できるようなシステムの構築に向けた議論が展開されると良いと思います。

　この点について一点補足すると，台湾では，非核家園政策の中核になっている蘭嶼島における放射性廃棄物問題が，最終処分場の立地選定にあたり必要な住民投票が自治体の反対により実施できないため，現時点でも解決のめどが立っていません。

田中：頼先生，ありがとうございました。台湾では，蔡政権は脱原発政策を打ち出しているけれども，民意は必ずしも一本化されていないということをご紹介いただきました。

　韓国でも，金炅徳先生のご報告にありましたように，文政権が脱原発政策を打ち出したのに対して，公論化委員会において，反脱原発

というとちょっと言い過ぎかもしれませんが，文政権の政策に反対する住民の意思が示されています。日本では，原子力分野における住民参加というと，原発を推進したい政府と原発に反対する住民という構図が当然のように意識されてきたと思われますが，世界に目を向けると，必ずしもそうではないということを指摘できると思います。

　次に，周先生に，中国の状況についてご質問いたします。東アジアの中で唯一，今後も原子力利用を推進するという方針を明確に打ち出している中国では，原子力分野の住民参加について，法整備はどのような状況でしょうか。

周：まず，韓国，台湾，日本の住民参加との大きな違いの1つは，中国には，住民投票という制度自体がないことです。投票ということそれ自体が，中国の社会主義的民主主義という国家形態には，そもそも相応しくないといわれているからだと思います。

　中国政府としては，2011年の福島原発事故の後にも，原子力政策を積極的に推進する立場をとっており，それ自体は，今後もおそらく変わりはありません。中国の場合，エネルギー供給全体の中で，原子力発電が占める割合は4.9％にとどまっていますが，将来的には，カーボンニュートラルという流れの中で，原発の再稼働や原子力政策の推進は既定路線として維持されるだろうと思われます。

　法制度上は，公聴会，アンケート調査，座談会などの形式が，住民参加いわば中国語でいうなら公衆参与の方法として定められています。これらの制度が，当初は，環境保護全般に適用される環境影響評価制度として始まりました。

田中：環境法上の住民参加（公衆参与）とは別に，中国では，核安全法にも住民参加の規定が設けられていると思いますが，実際に住民参加が実施された事例はあるのでしょうか。

周：原子力関係の資料はそもそも少ないのですが，私が調べた限りでは，原子力発電所の建設に関しては，住民参加の事例が2つあります。しかしながら，いずれも最終的には建設計画の中止という形で終わっています。

　興味深いのは，実際にはいずれの事例も法制度上の住民参加の手続が経られてから住民が反対したという話ではなく，原子力発電所の建設に投資するかどうか，建設するかどうかといった，そもそも法律上定められた住民参加手続よりも前の段階で住民が激しい反対運動を展開したことにより，結局，建設計画が白紙に戻されています。

　このように，具体的な事例を見ると，法制度に基づく住民参加が実施されているというよりは，むしろ住民のデモ活動の結果として住民の意見が反映されているといえるかも知れません。

田中：周先生，ありがとうございました。

　日本でも，最終処分法に住民参加に関する規定が3段階に分けて設けられているにもかかわらず，2007年の東洋町の事例では，第1段階である文献調査よりも前の，町長による文献調査への応募の段階で反対運動が起こり，結果として応募が撤回されました。法律に定められた住民参加とは別の形で住民意思が政策決定に影響を与えたという意味では，周先生にご紹介いただいた中国の事例と同様の構図といえるかもしれません。

3 国際法的な住民参加の傾向と東アジアへの示唆

田中：東アジアにおける原子力分野の住民参加について紹介しましたが，日中韓台いずれにおいても，住民参加の対象は，国内における政策決定にとどまっているように思われます。しかしながら，宮森先生のご報告でも指摘があったように，福島第一原発事故のような原子力事故が発生した場合，その影響は国内だけに留まらず，近隣諸国へも及びます。

　そういった観点からは，ヨーロッパのように，国境を越えた住民参加の仕組みを東アジアでも導入すべきではないかと思われますが，渡辺先生，この点についての現状と課題を教えていただけますでしょうか。

渡辺：宮森先生のご報告の中にもありましたとおり，住民参加に関して，欧州地域にはオーフス条約があり，その中で，原子力など環境情報に関する情報提供であるとか，住民参加について定められております。その他の地域条約にも，同様の定めがあります。

　東アジアにおいては，これらの条約のようなものはありませんが，国際的には，住民参加制度は各国の国内法制度において採り入れることが望ましいという潮流が見られます。特に，国際的な住民参加制度の導入に関しては，国内法において，どういった内容を取り入れるべきかというガイドラインが既に存在しています。インドネシアのバリで 2010 年に採択された，バリ・ガイドラインと呼ばれるものです。

　環境情報へのアクセスや住民参加について，どのような内容を対象とするか。あるいは誰が対象となるべきか。住民参加というときの

「住民」が誰になるべきか。これについては馬場先生の理論的なご示唆がありました。また，国境を越えた住民参加の可能性については日本の制度の特異点を示しつつ，他地域の制度との比較検討が必要ではないかと考えています。

田中：渡辺先生，ありがとうございました。各地域の法制度を比較検討した上で議論する必要があるということをご指摘いただきました。

　事前に打ち合わせたわけではありませんが，2月に出版する書籍の私の論文の最後で，東アジアにおいても国境を「超えた」住民参加を検討する必要であると指摘しました。ここでいう国境を「こえた」とは，単に国の領域をまたぐという意味である場合，「越」という漢字になります。しかし，それだと法制度の違いを克服するという意味を込めることができないので，あえて「超」という漢字を用いて入稿したら，編集の方に直されてしまったので，意味を説明して元に戻してもらったということがありました。

　少し話が脱線しましたが，東アジアの各地域の原子力政策や法制度の違いを踏まえて，導入に向けた議論を進める必要があるという渡辺先生のご意見に賛同いたします。

4　住民参加と憲法

田中：最後になりましたが，栗田先生，人権あるいは権利という観点から，お話をうかがいたいと思います。先ほど述べたように，放射性廃棄物の処分のような人が生まれて死ぬという営みを何百世代も繰り返さないと結果が出ない問題について，果たして権利というものを観

念できるのか，という疑問も示されています。その点を含め，本日の議論について，憲法学の観点から感じたことや疑問に思ったことはありますでしょうか。

栗田：ありがとうございます。非常に難しい質問で，すぐには答えが出ません。権利という言葉の意味も，法的なものもあれば，政治的なものもあり，道徳的なものがあります。権利という言葉の寿命も，おそらく関係してくるのかなと思います。

　若干，もしかしたら関連すると思うところで申し上げると，崔勝弼[チェ・スンピル]先生のご報告にあったように，住民投票をする権利について，韓国の憲法裁判所において否定的に解する判決が下されたというところに関心を持ちました。日本の憲法学においても，地方自治とは憲法が認めている制度的保障であり，これが通説だと教科書では説明されるのです。論理構造が非常によく似ています。そうすると，あくまで憲法が認めている範囲で形式的な部分は決まっていて，逆から言えば，その他の部分は消極的に解されることから，このような判決が下されているのではないかと思われます。

　おそらく崔勝弼[チェ・スンピル]先生は批判的な問題意識をお持ちでいらっしゃるのではないかと思います。

　そこで，権利という言葉がどれぐらい力を持っているのか，ということになると，日本の憲法学からは，この点に関し残念ながらあまりお教えできるようなことがなく，実は議論が停滞しているような状況です。地方自治と人権には関連があるとする学説も一部で提唱されていますが，少数説にとどまっています。

　そこで，崔勝弼[チェ・スンピル]先生にご質問したいのですが，例えば韓国では，

そのような点に関し何か背景や理論というのはあるのでしょうか。

崔勝弼（チェ・スンピル）：ご質問をいただき，どうもありがとうございます。

　残念ながら，韓国でのいわゆる基本権理論に関する議論状況は，日本と同様だと思います。基本権理論と制度的保障理論に関するドグマティーク（Dogmatik）は非常に発達していますが，これが地方自治制度に移る過程で，それに対する深い研究蓄積はそれほど多くありません。もっとも，必ずしも理論的に確立しているわけではないものの，韓国の多くの研究者は，住民投票を参政権の一形態として捉えようとする立場を採っています。おそらく日本と韓国の基本権理論や制度的保障理論が似たような論理構造となったのは，ドイツ式の制度的保障と基本権理論の二元化された形態を日本と韓国がそのまま受け入れたからではないかと思います。

　ところが，ワイマール共和国時代に始まったこのような二元的区分，すなわち，これ以上は制度的保障という領域を越えずに基本権に進むことができない状況について，近年の韓国の憲法学においては，本当に我々はそれを受け入れなければならないのかという疑問を持って，過去のドイツ的な制度的保障理論を乗り越え，これを人間中心に捉え直し，基本権に導いていこうと努力する動きがあります。私もそのような考え方に賛同いたします。

田中：栗田先生，崔勝弼（チェ・スンピル）先生，ありがとうございました。報告者の議論を前提にパネリスト間で議論して，そこから報告者への質問につながるという，討論セッションならではの議論であったと思います。

　議論が尽きないところですが，ここでいったんパネリスト間での討

論を止めて，参加者からの質問を取り上げたいと思います。

5　住民参加と住民の責任

田中：新潟大学法学部の学生から，チャットにて宮森先生に対する質問をいただきました。「政策過程全体のプロセスの中で，責任の概念に触れられていましたが，その中で，住民が責任を負うべき局面があることを示唆されていました。具体的にそれはどのような場合でしょうか。」という質問です。

　宮森先生，お願いします。

宮森：ご質問どうもありがとうございます。立法者や行政機関の責任は分かるけれども，住民自らが責任を負う場合とは，どういうことを意味するのか，ということだと思います。

　最も念頭に置いていたのは，拘束型の住民投票制度を採用するか否かという局面です。住民投票の結果に法的拘束力を認めた場合，その決定に対して，本当に住民が責任を負えるのかが問題となり得るのではないかということです。

　崔勝弼先生のご報告では，住民が負うべき責任という観点が示唆されていました。また，金度承先生のご報告で，ハードな住民参加とソフトな住民参加という表現がありました。最もハードな住民参加の形態である拘束型の住民投票制度を用いるということは，結局は，住民に責任を負わせるという政策決定をすることを意味するのではないかと考えました。

　住民に責任を負わせることが良いことなのか悪いことなのかという

議論はおくとしても，私が報告の中で申し上げたかったのは，住民参加の制度設計をする際に，責任という概念を問題発見のために用いることが一定程度有効ではないかということです。

　馬塲先生のご報告内容とも密接に関わる部分があるかと思います。もしコメントがあれば，お願いできますでしょうか。

馬塲：アーンスタインが理想型として直接管理と言ったときには，政策決定も含めた政策過程の全般を住民が担うということが想定されます。そうすると，議会なり行政なりが本来決定を行うことが予定されている代議制民主主義とは違って，参加した住民が決定を行って，それに従って政策が実施された場合，その決定に参加した住民には責任はないのかという問題が発生します。議会や行政が決定したのであれば何かトラブルが起きたときにはそれらが責任を負うわけです。

　最初に申し上げたように，参加した住民に決定権は委ねるが，責任は議会ないし行政側に留保するという手法は考えられるのか。そうでなければ，参加した住民が発生した問題のすべての責任を担わなければいけないのではないか。具体的に担うということは，例えば何らかの損害賠償を求められる訴訟の名宛人に参加した住民がなるのかということです。そこの点を予め考えないで，アーンスタインが理想とする直接管理型の住民参加を導入すると，参加した住民にとっても後になって「こんなはずではなかった」ということが起こりえます。

田中：宮森先生，馬塲先生，ありがとうございました。

　住民参加というと，なんとなく実施するのが住民にとって望ましいことであり，住民は参加を求めている，と考えてしまいがちです。し

かし，研究プロジェクトを実施する中で，実際に色々なところでヒアリングをしてみると，自分たちに意見を求めないで欲しい，そっちで勝手に決めてくれ，といった考え方も，住民の方の率直な見解としてお聞きすることがあります。この点も，住民参加のあり方を論じる上で悩ましい問題だと思われます。

6　オンラインによる住民参加の問題点

田中：次に，金度承先生への質問が寄せられています。「電子政府でオンラインでの住民参加が認められていく中で，人格攻撃的な請願などが行われているとの紹介がありました。そうすると，住民参加というものには，一般的な Twitter や SNS とかなり近づいてくる部分があるのではないでしょうか。そういったことについて，韓国政府では何か対応が考えられているのでしょうか。」というご質問です。

　金度承先生，いかがでしょうか。

金度承：貴重なご質問，ありがとうございます。

　ご存知のように，請願というのは，国に対して国民が希望事項や不満事項をアピールし要求することです。韓国においては，憲法上の請願が国民の基本権として保障されていて，これを具体化するための法律として請願法が制定されています。これはおそらくほとんどの国，日本においても同様の制度があると思います。

　ご質問してくださった方の考え方は，私は正確だと思います。どういうことかと申しますと，現在，大統領府が運営する青瓦台国民請願は実は SNS と変わりません。ただ，政府が運営する他の一般的な

SNSとは異なり，この請願制度には，その運営を権力の頂点にある大統領府が運営している点で，大統領制の下における象徴的な意味があります。

図：マスコミに表れた国民請願制度の肯定的な面と否定的な面

国民請願の肯定的な側面	国民請願の否定的な側面
・国民と政府のコミュニケーション回路 ・国民の意見表出，公論の場としての役割 ・各種制度の改善への寄与 ・国民の感情を解消できる空間 ・国民の政治参加，政治効能の増大 ・社会的弱者の意見表出の可能性 ・メディアが扱うことのできない問題を議題化する可能性	・重複同意による民意反映の難しさ，虚偽の可能性 ・虚偽情報，虚偽の請願，またはこれに基づく魔女狩り問題 ・いたずら請願・不適切なテーマの請願 ・嫌悪発言，人身攻撃的な請願 ・政治性向，性別等による過度な葛藤の誘発 ・三権分立等による大統領府答弁の限界 ・国会や司法への脅威 ・請願非公開基準の非一貫性 ・大統領府の答えが空虚であったり，大統領府の返事がないため無用という主張

　もう一つの特徴は，単にアピールして内容を載せることにとどまらず，一定の要件，例えば，30日間で20万人以上の同意を得れば，関係する政府閣僚がそれに対して答弁をするようになっている点です。これとは別に，韓国には，先ほど私が報告したように，請願法上の手続として国民申聞鼓（シンムンゴ）という制度がありますが，請願法上，人身攻撃的な内容や不適切な内容は，それに対する請願が提出さ

れても受理されません。これに対して，大統領府が運営する青瓦台国民請願では，そのような制限が設けられていません。そのような制限を緩和して運営するために特に設けられた制度だからです。

このような国民請願制度については，大統領にすべてのイシューを過度に集中させてしまい，国民が国民申聞鼓という請願法上の制度を軽視する副作用もあると，批判的な指摘もされています。

田中：金度承先生，ありがとうございました。
<ruby>金度承<rt>キム・ドスン</rt></ruby>

少し話が脱線しますが，金度承先生は，韓国の電子政府推進委員会の委員をされておられます。実は，私も日本の内閣府のデジタルガバメントワーキング・グループの専門委員を務めていますが，ご紹介いただいたように，韓国ではデジタル技術を活用した住民参加が導入されているのに対して，日本では非常に遅れています。今回の議論をきっかけに，今後，デジタル政府の日韓比較についても議論できればと思います。

これでチャットに寄せられた質問はすべて紹介できたと思います。そろそろ終了の時間が迫ってきましたが，最後に，登壇者の先生方，これだけは聞いておきたいということがあれば，お願いしたいと思います。いかがでしょうか。

7　カーボンニュートラル政策と住民参加

崔勝弼：おそらく日本も同様の状況にあるのではないかと思いますが，韓国では現在，気候危機に対応するために，カーボンニュートラル政策が強化され，また原発を新しいエネルギー源に戻そうという議

論が始まっています。欧州地域に目を向けると，フランスは原発を稼働する立場で，ドイツは脱原発という立場ですので，欧州連合は不協和音を生じています。このような状況を踏まえると，カーボンニュートラル政策と原発に関連した住民参加制度の議論を，今後，セットで議論する必要があるのではないでしょうか。

田中：ご質問ありがとうございます。非常に貴重なご指摘だと思います。

　近時，EU では，カーボンニュートラルの観点から，原発をグリーンエネルギーの一つに位置づける方針が示されています。

　カーボンニュートラルの観点から原子力発電所をどう評価すべきかは，今後，日本でも検討しなければならない重要な問題です。ただ，日本では，未だ福島第一原発事故の影響が大きく残っており，現時点では，原子力発電の有用性について正面から議論することは，国民感情の面から難しいように思われます。他方で，気候変動問題も非常に重要な世界的課題となっていますので，原子力利用に関する住民参加についても，カーボンニュートラルの観点とセットで議論する必要があるというのは，非常に示唆に富むものと考えます。

金 炅徳：私は今の崔勝弼先生のご質問に関連した話をお聞きしたいと思います。実はカーボンニュートラルというのは，世界的で，グローバルな流れであり，韓国でも同じ状況です。そしてアジアにおいては，中国政府が昨年末に公表した情報によれば，中国は，SMR という小型原発を含めて，今後 15 年間で概ね 150 機の原発を建設し，金額的には約 4,400 億ドルを投入する予定だということです。中国政

府の計画通りに進めば，2025年頃には，中国はアメリカやフランスを抜いて世界最大の原発保有国になります。崔勝弼先生（チェ・スンピル）がおっしゃったように，安全性の問題を除けば，環境にやさしいという面で再び原発に戻っていこうというのが世界的な流れであるといえると思います。

そこで田中先生には，端的に日本の原子力政策は今どうなっているのかについて，おうかがいしたいと思います。カーボンニュートラル政策については，国レベルの今後のエネルギー政策の方向性や方針との関係，これに伴う促進策等が問題になるかと思いますが，そうしたカーボンニュートラル政策と原子力政策との関係がいかに議論されているのか，大まかな日本の現状についてお聞きしたいです。

田中：ご質問ありがとうございます。

貴重なご指摘を頂戴しましたが，やはり日本においては，現時点では，まだ，カーボンニュートラルの観点から原子力の積極利用について議論する段階には至っていないと思われます。

そもそも，福島第一原発事故の後，日本政府は，将来的に原子力利用を推進するのか，それとも廃止する方針なのかについて，国民にしっかりと説明することを怠っているような気がします。政府の資料を丁寧に見ると，引き続き原子力を重要なベースロード電源の1つとして位置づけ，総発電能力の20〜30％程度を原子力発電で賄っていくとされています。しかしながら，住民の方にヒアリングをしていると，政府は2045年に原子力発電を廃止する方針だと考えている方も少なくありません。過去の民主党政権下において，閣議決定ではない形で示された政策が住民の意識に残っており，政府もそれを明確には

打ち消すことをしていないのが，現在（2022年1月時点）の日本の状況です。

　政策決定にあたり，政策の内容を正解に伝え，情報開示をしっかりと行った上で，住民の意思を確認する，という住民参加の基本理念は，今後の日本の原子力政策を決定するにあたり，必ず実施しなければならないことだと考えます。

田中：時間がまいりましたので，これで討論セッションを閉じたいと思います。

　ありがとうございました。

閉 会 挨 拶

　新潟大学法学部長の渡辺豊と申します。閉会に先立ちご挨拶を申します。本日はお忙しいところ国際シンポジウムにご参加いただきましたことに，主催者の一員として厚く御礼申し上げます。また，今回のシンポジウム開催に際して，韓国個人情報研究院及び木浦大学法学部より多大なるご尽力を頂戴いたしました。この場を借りて御礼申し上げます。

　周知のとおり，新潟大学は日本海に面した新潟市にあります。環日本海研究の一員として東アジア諸国との長い交流の歴史があります。そのような経緯から新潟大学は環東アジア研究センターを設置しており，本日のシンポジウムは同センターにおける研究プロジェクトの一環として開催しております。日本，韓国，中国，台湾の4カ国の報告者，討論者を揃え，かつ法律学，政治学，行政学など，様々な分野から議論を進められたことは，まさに東アジア諸国の多様性を示すものです。新潟大学としましても，このような取り組みを継続して行えればと考えています。また，本日お集まりいただきました皆さまとの縁を大事にし，今後も交流を実現していきたく考えております。

　本日は住民参加のあり方について，様々な点からご議論をいただきました。崔 桓 容先生には韓国側を代表し，素晴らしいご挨拶をいただきました。

閉会挨拶

　政策過程から見る住民参加セッションでは，崔勝弼先生と馬場健
　　　　　　　　　　　　　　　　　　　　　チェ・スンピル
先生から，それぞれ大変貴重なご指摘がありました。時間軸，つまり
歴史の観点からは稲吉晃先生の議論と金度承先生の現代的課題につい
　　　　　　　　　　　　　　　　　　　キム・ドスン
て，日韓それぞれの観点から興味深い議論が提示されました。

　原子力分野における住民参加については，韓国側の登壇者である
キム・ギョンドク　　　ワン・スンヘ　　　　ジョン・ミョンウン
金炅徳先生，王勝恵先生，鄭明雲先生から韓国における様々な課
題についてのご報告がありました。宮森征司先生からは，東アジア諸
国の住民参加制度についての全体を俯瞰したご報告がございました。

　討論セッションでは，田中良弘先生の司会の下，台湾から頼宇松先
生，中国から周蒨先生，日本側から栗田佳泰先生と私が参加し，東ア
ジアにおける住民参加を媒介にした国際協力の可能性を模索いたしま
した。

　最後になりますが，2点申し上げ，挨拶を終えたく存じます。ま
ず，本日のシンポジウムは先ほども申し上げましたとおり新潟大学環
東アジア研究センターにおけるプロジェクトの一環として開催してお
ります。同プロジェクトは2019年から毎年国際シンポジウムを開催
してきており，今回の成果もその延長にあります。この成果として，
2022年2月には『原子力政策と住民参加』と題する著書を刊行する
予定です。本日の登壇者の多くの先生方が寄稿しております。ぜひ皆
さまにもご高覧いただければ幸いでございます。

　そして最後になりますが，今回のシンポジウムは登壇者の皆さま，
参加者の皆さまのご尽力があって初めて実現できたものです。また，
　　　　　　　　　　　　　　　　　　　　　　　　　キム・ギョンドク
開催にあたり様々な調整を一手に行っていただきました金炅徳先生
と宮森征司先生には，この場を借りて厚く御礼を申し上げます。

　以上，雑駁ではございますが閉会の挨拶に代えさせていただきま

す。皆さまのご参加，誠にありがとうございました。次回はぜひ皆さまと直接お目にかかれればと存じます。ありがとうございました。

編者・報告者・パネリスト紹介

【編者】

宮森　征司（新潟大学法学部准教授）

一橋大学博士(法学)。主な著作として，「訴訟と住民参加」田中良弘編著『原子力政策と住民参加――日本の経験と東アジアからの示唆』（第一法規，2022年)，『自治体事業と公私協働』（日本評論社，2023年刊行予定)。

金　炅徳（韓国個人情報研究院研究委員）

名古屋大学博士課程修了・新潟大学博士(法学)。主な著作として，「韓国における原子力政策と住民参加」前掲『原子力政策と住民参加』，「公営住宅の本来的利用と有効活用」都市問題113巻3号（2022年)。

【報告者】

崔　桓容（韓国法制研究院先任研究委員／元副院長）

名古屋大学博士課程修了・ソウル市立大学博士(法学)。主な著作として，『法制履歴調査研究(2)――国土計画法』（韓国法制研究院，2022年)，『民間海洋救助隊活性化のための法制』（韓国法制研究院，2021年)，『国民中心の行政調査関連法制の改善方案研究』（韓国法制研究院，2016年)。

馬場　健（新潟大学法学部教授）

成蹊大学博士(政治学)。主な著作として，「原子力利用に対する住民参加――「住民」と政策過程の観点から」前掲『原子力政策と住民参加』，『戦後英国のニュータウン政策』（敬文堂，2003年)。

崔　勝弼（韓国外国語大学法学専門大学院教授）

韓国高麗大学博士(法学)。主な著作として，『法の均衡』（ヘイブックス，2022 年），『法の支配』（ヘイブックス，2016 年），「行政計画を対象とした気候変動訴訟とその法的争点」公法学研究 23 巻 2 号（2022 年），「営業及び価格規制による損失減少と補償の可能性」公法研究 48 集 4 号（2020 年）。

稲吉　晃（新潟大学法学部・経済科学部教授）

首都大学東京博士(政治学)。主な著作として，「原子力施設と合意形成」前掲『原子力政策と住民参加』，『海港の政治史：明治から戦後へ』（名古屋大学出版会，2014 年），『港町巡礼：海洋国家日本の近代』（吉田書店，2022 年）。

金　度承（木浦大学法学科教授）

成均館大学博士(法学)。主な著作として，『個人情報判例百選』（朴英社，2022 年），『20 個の核心概念で読むデジタル技術社会』（社会評論アカデミー，2022 年），『財政健全性と法治』（韓国法制研究院，2020 年），『サイバー安保の国家戦略 3.0』（社会評論アカデミー，2019 年）。

鄭　明雲（韓国法制研究院専任研究委員）

名城大学博士(法学)。主な著作として，『最新行政審判主要動向及び立法改善需要分析』（共著，韓国法制研究院，2020 年），『地方公共団体の災害安全管理体系及び法制整備方案研究』（韓国法制研究院，2016 年），『水難救護の従事命令の法的限界解消方案研究』（韓国法制研究院，2016 年）。

王　勝恵（韓国法制研究院研究委員）

ソウル大学博士(法学)。主な著作として，『農地法制改善方案研究』（韓国法制研究院，2022 年），『法制履歴調査研究(Ⅰ)──地方自治法』（韓国法制研究院，2020 年），『グローバル規制協力のための相互承認法制研究』（韓国法制研究院，2019 年）。

【パネリスト】

田中　良弘（立命館大学法学部教授／新潟大学客員教授）

一橋大学博士(法学)。主な著作として，『原子力政策と住民参加——日本の経験と東アジアからの示唆』（編著，第一法規，2022 年），『行政上の処罰概念と法治国家』（弘文堂，2017 年）。

頼　宇松（国立東華大学〔台湾〕法学部副教授）

一橋大学博士(法学)。主な著作として，「台湾における環境影響評価法制度の研究」一橋法学 17 巻 2 号（2018 年），「台湾における原子力政策と住民参加」前掲『原子力政策と住民参加』，「日本能源政策之檢視——以福島核災事故為契機」台湾法学雑誌 192 期（2012 年）。

周　蒨（久留米大学法学部教授）

一橋大学博士(法学)。主な著作として，「中国における原子力政策と住民参加」前掲『原子力政策と住民参加』，「公共事業の民営化と『公益(public interest)』の概念」一橋法学 18 巻 2 号（2019 年），「中国における原子力法制」高橋滋編著『福島原発事故と法政策』（第一法規，2016 年）。

渡辺　豊（新潟大学法学部教授，法学部長）

一橋大学博士(法学)。主な著作として，「原子力利用に関する住民参加と国際協力のあり方」前掲『原子力政策と住民参加』，「国際人権法における『住居に対する権利』の現状と課題」法政理論 53 巻 3・4 号（2022 年）。

栗田　佳泰（新潟大学法学部准教授）

九州大学修士(法学)。主な著作として，『リベラル・ナショナリズム憲法学——日本のナショナリズムと文化的少数者の権利』（法律文化社，2020 年），「日本の憲法からリベラルへ」法律時報 93 巻 1 号（2021 年）。

信山社ブックレット

〈国際シンポジウム〉
住民参加とローカル・ガバナンスを考える

2023（令和5）年2月15日　第1版第1刷発行

編　者　　　宮森征司・金　炅徳
発行者　　　今井　貴・稲葉文子
発行所　　　株式会社　信　山　社

〒113-0033　東京都文京区本郷 6-2-9-102
Tel 03-3818-1019　Fax 03-3818-0344
笠間才木支店　〒309-1611 茨城県笠間市笠間 515-3
Tel 0296-71-9081　Fax 0296-71-9082
笠間来栖支店　〒309-1625 茨城県笠間市来栖 2345-1
Tel 0296-71-0215　Fax 0296-72-5410
出版契約 No.2023-8171-01011　Ⓒ編著者

Printed in Japan, 2023　印刷・製本 藤原印刷
ISBN978-4-7972-8171-2 C3332 ￥1500E 分類 323.900
p.128 8171-01011:012-100-005

テキストブック法律と死因究明

田中良弘・稲田隆司・若槻良宏 編著

編著者:田中良弘・稲田隆司・若槻良宏
著者:岩嵜勝成・近藤明彦・櫻井香子・本間一也

信山社